H A N E S   G Ŵ Y L

HEDD WYN

D THE   BLACK
IR   FESTIVAL

D1421519

Cyflwynedig i Mair Rees Jones
am warchod y pethe ym Mhenbedw

HANES GŴYL

HEDD WYN

AND THE BLACK CHAIR FESTIVAL

BARDD-FUGAIL Y RHYFEL MAWR
POET-SHEPHERD OF THE FIRST WORLD WAR

D. BEN REES

GOLYGYDD / EDITOR

Argraffiad cyntaf: 2018
© Hawlfraint Cymdeithas Etifeddiaeth Cymry Glannau Mersi
a'r Lolfa Cyf., 2018

Cynllun y clawr: Y Lolfa

Rhif Llyfr Rhyngwladol: 978 1 78461 607 6

Cyhoeddwyd ac argraffwyd yng Nghymru
ar bapur o goedwigoedd cynaliadwy gan
Y Lolfa Cyf., Talybont, Ceredigion SY24 5HE
e-bost ylolfa@ylolfa.com
gwefan www.ylolfa.com
ffôn 01970 832 304
ffacs 01970 832 782

Cynnwys / Contents

Cymwynaswyr ein dathliad ym Mhenbedw, Medi 9-10 2017

Y MAE POB cymdeithas yn galw am gymwynaswyr, ac mae hynny mor wir am ein Cymreictod ni ar y Glannau. Ni ellir, bellach, gynnal dim byd ar raddfa fawr heb gynhaliaeth ariannol. Dyna pam fy mod i yn hynod o ddiolchgar i'r cymwynaswyr hynny a anfonodd gyfraniadau ataf er mwyn cynnal Gŵyl y Gadair Ddu ar ganmlwyddiant Eisteddfod Genedlaethol Penbedw, 1917. Oni bai amdanynt hwy ni fyddem wedi llwyddo i gael penwythnos mor gofiadwy, ond ar ben hynny, yr oedd angen cymwynaswyr llaw a throed, pobl i ofalu ar ôl y llwyfan, y seremonïau a'r sesiynau, yn barod i gymryd rhan a chadw'r traddodiadau. Cymwynaswyr eto, gan nad oedd neb ohonynt, na neb ohonom ninnau, yn cael tâl na threuliau am ein cefnogaeth a'n cyfraniad. Cymwynaswyr yng ngwir ystyr y gair.

Hoffwn gyfeirio at Ysgrifennydd Pwyllgor y Gadair Ddu, Dr Arthur Thomas, Lerpwl (a hefyd Ysgrifennydd Cymdeithas Etifeddiaeth Cymry Glannau Mersi) fel un o'r anwylaf o'n cymwynaswyr, ynghyd â'i gyn-gydweithiwr o Brifysgol Lerpwl, yn y dyddiau a fu, yr Athro Robert Lee, Cadeirydd Pwyllgor Parc Penbedw a deimlodd ar ei galon i lywyddu Pwyllgor y Gadair Ddu.

Daeth rhai o'r cymwynaswyr o ffordd bell, fel Dr Huw Edwards, Llundain. Yr oedd ei bresenoldeb ef yn rhoddi urddas ar y digwyddiad. Cofier iddo deithio y bore Sadwrn hwnnw ar y trên o Hull i Lime Street a chael y tacsi o'r orsaf i gampws

Joseph Paxton. Sylweddolodd fod gŵr y tasci yn gwybod am fodolaeth yr ŵyl, pan ddywedodd y byddai yno, pe na bai tîm pêl-droed Everton yn chwarae gartre ym Mharc Goodison! Yr oedd y newyddion wedi mynd ar led. Dreifiodd y mab, Dafydd, a theulu y mab ieuengaf, Hefin, i fyny o Lundain a Harpenden ar y nos Wener a darganfod fod yr M6 ar gau. Felly, yn lle treulio pedair awr yn gyrru, fe aeth hi yn chwe awr arnynt. Roeddwn yn ymfalchïo ynddynt am eu bod nhw yno i'm cefnogi, gan eu bod yn gwybod imi dreulio oriau o bryderu a dyddiau cyfan yn trefnu a gofidio am y digwyddiad. Cymwynaswyr da.

Gwelwyd yr Athro Christine James (Cyn-Archdderwydd a Chofiadur newydd Gorsedd y Beirdd) a'i phriod, Yr Athro E. Wyn James wedi teithio i gefnogi yr Ŵyl o Gaerdydd o fore Sadwrn tan bnawn Sul. Daeth eraill o Beniel, ger Caerfyrddin a Ceris Gruffydd o Geredigion. Yr oedd eraill lawer wedi cyflawni yr un gymwynas fel y cyfeillion caredig o Mechelen, Fflandrys, a roddodd inni y Gadair hardd. Dywedodd bardd galluog wrthyf ar ddiwedd y seremoni: 'Pe bai beirdd amlwg Cymru wedi gweld y Gadair a gwybod ei gwerth ariannol mi fyddai mwy o lawer wedi cystadlu.' Ond cafwyd dau feirniad o gymwynaswyr: Dr Robin Gwyndaf, Caerdydd a Dr Siôn Aled Owen, Wrecsam. Yr oedd eu gwaith hwy yn odidog, yn hwb i bob un o'r beirdd a diolchgar ydym am hyn. Hawdd torri calon ac ni wnaeth dim un o'r beirniaid hynny. Roedd beirniadaeth Robin fel un Aled Lewis Evans a'r Athro Deryn Rees-Jones yn batrwm o gyflwyniad da. Gwelwyd ernes o'r beirdd sydd yn blaguro yn y ddwy iaith, ac yr oedd y ddwy goron a roddwyd gan deulu y diweddar Gwilym Prys Davies a ninnau, gyda Dr John a Beryl Williams a Hilda a Brian Thomas yn haelionus ychwanegol, yn dwyn clod i'r ŵyl. O banel y Gymraeg teithiodd Dr Pat Williams a Nan Hughes Parry i Gaer i gyfarfod ag Aled Lewis Evans i wyntyllu y cerddi ar 'Yr Arwr' a ddaeth i'r gystadleuaeth. Aeth Roderick Owen, ar fy nghais i, i gyfarfod â John Price, Machynlleth, yng nghanol Wrecsam, er mwyn cludo y ddwy goron i Allerton, Lerpwl. Hefyd gofynnais iddo ef a Brian Thomas lywio dwy seremoni; Norma Owen a Iola Edwards oedd yn hebrwng Martin Huws, o Ffynnon Taf, ger Caerdydd, enillydd y gadair, i'r llwyfan. Cymwynaswyr Lerpwl a Phenbedw. Yn cydweithio er lles y dathlu.

Teithiodd Siôn Aled Owen o Wrecsam i Gaerdydd i drafod cerddi'r gadair, a gofalodd Eleanor Rees a Deryn Rees Jones am y feirniadaeth ar lenyddiaeth Saesneg. Cymwynaswyr mawr, bob un ohonynt.

Yr oedd yr Archdderwydd, y Prifardd Geraint Llifon, yn gymwynaswr. Hawdd fyddai gwrthod fy nghais i ddod atom ac felly hefyd yn hanes Cymdeithas y Cymmrodorion a gynhaliodd yn 2017 gyfarfod fel ag a wnaed ar Nos Fawrth, 5 Medi 1917. Teithiodd yr Ysgrifennydd, Dr E. Lyn Williams o Benarth, Yr Athro Emeritws Prys Morgan o Benrhyn Gŵyr a'r Athro Peredur Lynch (mab i ffrind mawr i ni, Y Parchedig Evan Lynch, Carrog) o Fangor, a'n hanrhydeddu ni gydag astudiaeth dryloyw a newydd. Ni ellid cael gwell ymdriniaeth ar Hedd Wyn yn ei gyfnod. Cymwynaswyr oedd y ddau gôr, sef Côr Ieuenctid Môn a Chôr Rygbi Gogledd Cymru, a'r unawdwyr Dylan Cernyw a Huw Ynyr o Rydymain a'r rhai a'u cyflwynodd, Dr John G. Williams a Hywel Roberts o Gaernarfon a'r cyfeilydd, Y Parchedig Robert Parry, Wrecsam.

Ac ar y Sul, cymwynaswyr oedd y rhai a gymerodd ran yn y gwasanaeth ac arweinwyr Capel Seion, Laird Street, gyda Chôr Meibion Orffiws, yr organydd Goronwy Humphreys a'r arweinydd o Gaerdydd, Alwyn Humphreys. Yr oeddem yn falch o'r fraint o gael ei gludo o Laird Street i Lime Street yn Lerpwl, ac yntau wedi ein cynorthwyo ni mor fedrus. Daeth atgofion lu yn ôl imi o'i gyfraniad yng nghapel Salem wrth yr organ pan aem yno yn niwedd y chwe degau.

Ond beth am Drawsfynydd? Ymddiheurodd Gerald Williams yn gynharach yn y flwyddyn yn arwyl y diweddar Gwilym Prys Davies yn eglwys Llanegryn am ei absenoldeb, gan ei fod ef yn Llywydd Sioe Amaethyddol Trawsfynydd ar y Sadwrn 9 Medi. Braf oedd gweld Capel Cymraeg Seion, Laird Street, yn llawn ar y Sul. Tri chant ohonom yn moli'r Arglwydd. Byddai John Roberts (Ieuan Gwyllt), un a fu yn Lerpwl yn newyddiadura, wrth ei fodd am yr ymateb. Daliaf i gofio anerchiad arbennig Dr Goronwy Wynne, Licswm, cymwynaswr i ni ar y Glannau ers 50 mlynedd, fel y bardd Norman Closs Parry, Treffynnon. Dau ŵr eithriadol ydynt o Sir y Fflint. Y pennill oedd yn fy meddwl yn oedfa'r bore a'r pnawn ar 10 Medi 2017 oedd:

O ganu bendigedig fydd canu'r byd a ddaw,
Pan una'r holl gantorion yng nghôr y wynfa draw,
Bydd engyl y gogoniant mewn syndod oll i gyd,
Pan dery'r côr undebol yr anthem fawr ei hyd.

Nid oedd neb a gymerodd ran yn Nathliad 1967 yn bresennol yn 2017, ond mewn sgwrs â mi, anfonodd Mrs Eira Parry-Huws, Porthaethwy, ei hymddiheuriad. Bu hi'n cymryd rhan hanner can mlynedd yn ôl. Ond i fynd yn ôl i Drawsfynydd, fe gafwyd dros y blynyddoedd gymwynaswyr yno hefyd, y pennaf ohonynt i hanesydd fyddai yr Henadur David Tudor, dyn busnes haelionus, a phe bai ef ar dir y byw, byddai wedi cofio amdanom. Pan oedd ef yn Gadeirydd Bwrdd Rheolwyr Gwasg Gee, Dinbych, fe ddaeth i'r adwy, pan oedd y wasg mewn trafferthion. Mynnodd ei gweld yn llwyddo. Rhyddfrydwr mawr ydoedd. Yr oedd y Blaid Ryddfrydol mewn argyfwng yn y blynyddoedd ar ôl yr Ail Ryfel Byd, fel y mae'r Democratiaid Rhyddfrydol yn 2017, gyda dim ond 12 Aelod Seneddol. Ond llifodd ffrwd o gynhaliaeth i'r Blaid o'r gŵr busnes diwylliedig o Drawsfynydd. Yr oedd yn un o gyfarwyddwyr y fenter Teledu Cymru, ef a Dr Huw T.

Edwards. Codwyd cofgolofn i Hedd Wyn yn Nhrawsfynydd; pe bawn i yn byw yno, mi fyddwn yn codi cofgolofn i'r doethaf o blant dynion, David Tudor. Credai mewn Radicaliaeth, Cymreictod, Cristnogaeth a Chymwynasgarwch. Fe'n plesiwyd yn fawr gan bob un o'r cymwynaswyr yng Ngŵyl Hedd Wyn, penaethiaid yr Ysgol, y plant, ceidwad yr Ysgol, y stiwardiaid, y beirdd buddugol, y cwmnïau bwyd a'r rhai wrth law, ac yn arbennig y Betheliaid yn canu Cân y Coroni, Côr Bara Brith yn y dadorchuddio, y llefarwyr wrth Golofn y Parc, yr Athro D. Ben Rees a'i dîm o gydweithwyr, Y Parchedig Robert Parry, Wrecsam, a'r ffotograffydd Raymond Farley a chwiorydd Seion a baratôdd baned i Gôr y Rhos. Pob un o'r ffrindiau da a chwi bellach yn gymwynaswyr pennaf 2017. Bydded i ni drysori y cyfan yn y fideo a'r cyfansoddiadau a gyhoeddir eleni.

D. Ben Rees (Trefnydd yr Ŵyl)

Gŵyl Gofiadwy
Hedd Wyn

G AIR O DDIOLCH diffuant yw hwn. Ar y Sadwrn a'r Sul,
9–10 Medi 2017, cynhaliwyd Gŵyl Hedd Wyn – 'Gŵyl
y Gadair Ddu' – ar safle Ysgol Ysbytai Cilgwri, ym Mhenbedw
(Birkenhead). Un o'r gwyliau mwyaf cofiadwy y bûm ynddynt.
A dyna farn y cannoedd oedd yno.

Cafwyd, er enghraifft, ddarlithoedd ardderchog gan Huw
Edwards, Peredur Lynch, a D. Ben Rees. Cyflwynwyd cadair
hardd yr Ŵyl yn rhodd gan Gymdeithas Hedd Wyn, Fflandrys.
'Hedd Wyn' oedd testun y gerdd, neu gyfres o gerddi. Roedd
naw wedi cystadlu, a thri yn deilwng iawn o'u cadeirio. Cyntaf:
Martin Huws; ail: Arwel Emlyn Jones; trydydd: Hedd Bleddyn.
Meistr y ddefod oedd Geraint Lloyd Owen, yr Archdderwydd.
Hyfryd hefyd oedd cael llu mawr o ymgeiswyr, 11-19 mlwydd
oed, am y ddwy goron. Un gystadleuaeth Gymraeg ac un
Saesneg: cerddi ar y testun: 'Arwr'/ 'Hero'.

Gwnaed cyfraniad gwerthfawr iawn i lwyddiant yr ŵyl
gan amryw gorau a pherfformwyr: Côr Meibion Orffiws
Rhosllannerchrugog; Côr Ieuenctid Môn; Côr Meibion Bara
Brith, Môn; Côr Rygbi Gogledd Cymru; Parti'r Betheliaid;
Dylan Cernyw, telynor; a'r cantorion: Alun Tan Lan a Huw
Ynyr.

Ar y Sul, yng Nghapel Seion, Penbedw, cafwyd oedfa (homili
gan Aled Lewis Evans) a Chymanfa Ganu (arweinydd: Alwyn
Humphreys), a byddwn yn cofio am y Sul hwn yn hir.

Yn ystod yr ŵyl dadorchuddiwyd cofeb i Hedd Wyn, ger y
garreg ym Mharc Birkenhead sydd yno eisoes i gofio Eisteddfod
y Gadair Ddu, 1917.

Rhannwyd medalau i gofio'r Ŵyl, a chyhoeddwyd rhaglen (85 tudalen): *Canmlwyddiant y Gadair Ddu*. *The Black Chair Centenary: 1917–2017*. Anogaf bawb a gollodd gyfle i fynychu'r Ŵyl eleni i sicrhau copi o'r cyhoeddiad gwerthfawr hwn.

Golygwyd y rhaglen a'i chyhoeddi gan y Parchg. Ddr D. Ben Rees. Ef oedd prif ysgogydd Gŵyl Hedd Wyn. Llafuriodd yn ddiarbed, a mawr iawn yw dyled Cymru gyfan iddo. Diolch o galon hefyd am gymorth parod pob un o'i gydweithwyr.

Dr Robin Gwyndaf

Cymry Penbedw ac Eisteddfod y Gadair Ddu

D. Ben Rees

GELLIR DWEUD YN ddiymdroi fod y Cymry wedi cymryd rhan amlwg yn hanes Penbedw fel y gwnaeth yr Albanwyr. Yn wir, y mae'r Celtiaid wedi bod yn rhan fawr o hanes Cilgwri o'r cyn-oesoedd. Gwyddom fod Cymry o Ogledd Cymry yn dod yn yr oesoedd cynnar i borthladd Meols i brynu a gwerthu cynnyrch. Onid ystyr Wallasey yw Ynys y Cymry ac fe geir digon o enwau Celtaidd ar Gilgwri. Tua 1717 daeth y tir, lle saif Penbedw arno heddiw, yn eiddo i ŵr hirben o'r enw John Cleveland, masnachwr cyfoethog yn Lerpwl ac Aelod Seneddol dros y dref. Priododd ei ferch â Chymro o Sir y Fflint, Francis Price, Bryn y Pys, a daeth y tir yn etifeddiaeth maes o law i'w ŵyr, Francis Richard Price. Wedi ei farwolaeth ef fe'i gwerthwyd i adeiladu tref fechan ar lan afon Mersi, gyferbyn â Lerpwl. Ac mae'r Cymry hyn wedi eu hanfarwoli yn yr enw a roddwyd ar un o ffyrdd y dref, Price Street.

Bychan oedd poblogaeth Penbedw yn 1801, dim ond 177 o drigolion. Ond buan y tyfodd ac erbyn 1821 yr oedd tri chant o bobl yma, ac ugain mlynedd yn ddiweddarach ceid wyth mil ac yn y cyfnod hwnnw y dylifodd y Cymry i Benbedw gan fod gwir angen pobl i weithio ar adeiladu tai a'r dociau. Erbyn 1861 yr oedd y boblogaeth dros hanner can mil, a'r Cymry wrthi yn adeiladu ac ehangu eu canolfannau ac yn creu Corau Meibion a

Chorau Cymysg a diwylliant cystadleuol, eisteddfodol. Ac felly, erbyn dechrau yr ugeinfed ganrif yr oedd poblogaeth Penbedw wedi mynd o 177 i 147,946 o drigolion. Newid syfrdanol. Ond erbyn 1840 yr oedd y Cymry o ddifrif yn sefydlu achosion crefyddol Cymraeg, yn arbennig y Methodistiaid Calfinaidd – Eglwys Bresbyteraidd Cymru heddiw, a hynny yn Camperdown Street, rhwng Market Street a Hamilton Street, mor fuan â 1836 a 37, y Wesleaid Cymraeg yn Lower Tranmere erbyn 1838, y Bedyddwyr Cymraeg yn Price Street erbyn haf 1839, a'r Annibynwyr Cymraeg mewn tŷ annedd yn Albion Strret yn 1842. Daeth pob un o'r rhain yn gapeli maes o law, a chafwyd hefyd yr Eglwys Esgobol yn sefydlu Eglwys Anglicanaidd yn y dref.

Erbyn dechrau'r ugeinfed ganrif adeiladwyd mwy o ganolfannau Cymraeg. Ymhlith enwad newydd Eglwys Rydd y Cymry ac ymhlith y Presbyteriaid ceid dau gapel Cymraeg newydd, Laird Street yn 1905 a Woodchurch Road yn 1906, heblaw Capel Cymraeg Parkfield a chapel ar gyfer y Cymry di-Gymraeg yn addoli yn Saesneg yn Wilmer Road. Y Presbyteriaid yn meddu ar bedwar capel i'r Cymry Cymraeg a di-Gymraeg. Bu Diwygiad 1904–5 yn ddylanwadol yn y dref a chenid gyda brwdfrydedd: 'O Arglwydd, dyro awel, a honno'n awel gref', 'Adref, adref blant afradlon' ac emyn mawr y Diwygiad a luniwyd gan un o Gymry pwerus Lerpwl yn y bedwaredd ganrif ar bymtheg, William Rees (Gwilym Hiraethog) sef, 'Dyma Gariad fel y moroedd'.

Roedd Penbedw yn ehangu a chwmnïau adeiladu y Cymry yn ffynnu. Deuai y bobl anturus o bob rhan o Gymru, o'r gogledd, y canolbarth a'r gorllewin. Un o'r cynharaf i adeiladu oedd Richard Davies (1812–1875) a adnabyddid wrth ei enw barddol Dewi Clwyd. Ymfudodd ef o Fagillt i Oxton yn 1837, ac nid oedd yn meddwl llawer o'r fangre newydd:

Mangre dywyll iawn oedd hon – Saeson ac ambell Gymro. Addolwn wrthyf fy hunan yma. Dy Air oedd fy Arweinydd yn fy mhererindod. Amen.

Croesai'r afon bob bore Sul i fynychu Capel y Tabernacl, Great Crosshall Street, cyn i'r Annibynwyr gael cartref ym Mhenbedw. Yn wir, yn Lerpwl y gwelodd ei gyfle i adeiladu, ond daeth ei feibion, saith i gyd, a chwech ohonynt i ganolbwyntio fel adeiladwyr ar ehangu tref Benbedw.

Dyma i chwi air byr am bob un ohonynt: Ebenezer Davies (1841–1912), a adeiladodd Raffles Road, Wilmer Road, Halcyon Road. Ei frawd Joseph (1842–1908), adeiladydd Argyll Street, Rodney Street, Rhyl Street, Clwyd Street, Kinmell Street (cartref ei dad yn y Rhyl lle'i ganwyd). Adeiladodd hefyd yn y Woodlands, Grange Road, Borough Road, Carlton Road, Adelaide Road, Albert Road a Kingsland Road. Bu farw y trydydd mab, Edward, yn 1880 yn 35 mlwydd oed, ac yn Rock Ferry y bu ef yn adeiladydd. Adeiladodd Walter Davies (1851–1908) gyda'i frawd iau, Thomas (1854–1931) yn Grange Road, Woodland a Borough Road. Ond bu'r ddau yn brysur yn adeiladu siopau a chanolfannau busnes, a bu Thomas yn Aelod o Gyngor Tref Penbedw o 1898 hyd 1910 fel Rhyddfrydwr a chefogydd W. H. Lever, yr AS. Yr oedd yn Gymro i'r carn, ac yn un o Drysoryddion Eisteddfod y Gadair Ddu. Yna Robert Davies (1856–1925) a adeiladodd dai ardderchog yn Borough Road, Whetsome Lane a Grange Road West. Perchenogai chwarel yn Higher Tranmere a medrai gyflawni anghenion ei fusnes ei hun ac anghenion ei frodyr; yn wir, cyflewnodd anghenion y dociau, Cammel Lairds a'r twnel o dan yr afon Mersi. Meddai y brodyr hefyd ar iard gwneud brics, lle y gwelid ar ôl hynny orsaf y Central ym Mhenbedw. John oedd yr ieuengaf, a ymfudodd i'r Amerig, lle y collodd ei fywyd mewn damwain, pan oedd yn adeiladu gwesty crand. Meddyg oedd yr unig frawd na fu yn adeiladu, sef Dr Gomer Davies. Yr oedd pob un ohonynt yn aelodau yng nghapel yr Annibynwyr Cymraeg, Clifton Road, a thri o'r brodyr yn ddiaconiaid, sef Joseph, Walter a Thomas Davies.

O Geredigion y daeth Aaron Evans (1863-1934) ac Evan Evans (1870–1914), y ddau wedi eu geni yng Nghilfachreda, ger Ceinewydd ar yr arfordir. Gweithio ar y tir oedd eu tynged cyn mentro i Eastham a chael gwaith ar y Manchester Ship Canal. Erbyn 1895 yr oeddent wedi ffurfio cwmni adeiladu A. ac E. Evans, Wallasey. Ond fe adeiladwyd ar raddfa eang ym Mhenbedw, Seacombe, a Wallasey. Y trydydd adeiladydd sydd yn haeddu bod yn y stori yw David Evans o Langoed, Môn, a ymfudodd yn wythdegau'r bedwaredd ganrif ar bymtheg. Bu'n gweithio i'r brodyr Robert a John Evans, Seacombe, cyn mentro ar ei liwt ei hunan. Yn 1892 yr oedd yn byw ym Mhenbedw ac yn prynu'r tir wrth odre Bidston Hill. Daeth y bobl leol i alw Claughton yn David's City, Dinas Dafydd. Sefydlodd gwmni Mri Evans, Jones ac Evans a mentro adeiladu Chester Street a stad Mannering yn Seacombe. Agorodd swyddfa yn Hamilton Square a thrwyddo ef y daeth ugeiniau o Gymry ifanc o Fôn yn arbennig i'r dref hon. Ymgartrefent yn y gymdogaeth, gan ddod yn aelodau o gapel Laird Street, capel a adeiladwyd gan bedwar o adeiladwyr o Gymry, a David Evans yn un ohonynt. David Evans oedd y prif ddyn yn hanes Cymry Penbedw ein cyfnod wrth baratoi ar gyfer yr Eisteddfod yn 1917. Galwodd ei fab a'i gartref yn Upton Road gyda'r un enw, Cynlais, a daeth ei fab, John Cynlais yn rhan o'r cwmni. Ganwyd iddo ef a'i briod, Nellie Euronwy, fab, David Thomas Gruffydd Evans a ddaeth yn ŵr amlwg yn y dref fel cynghorydd y Blaid Ryddfrydol, yr un fath â'i daid, a'i ddyrchafu i Dŷ'r Arglwyddi yn 1977, fel Arglwydd Gruffydd Evans o Claughton.

Yr oedd David Evans yn hynod o hael i bob achos da a

Chymreig, i Gronfa Ysbytai i'r Tlodion, Cronfa Tywysog Cymru a'r Casgliad i'r Digartref o Wlad Belg. Ac ef a ysgwyddodd y baich o lunio cadair hardd, a gostiai gan gini i'w chreu. Cadeirydd y Pwyllgor lleol J. H. Jones (Je Aitsh), Golygydd *Y Brython*, a gafodd y dasg o wahodd Eugene Vanfleteren, ffoadur o Wlad Belg, i lunio cadair gywrain ar gyfer y bardd buddugol. Lluniwyd un o'r cadeiriau perffeithiaf a welwyd yn hanes yr Eisteddfod Genedlaethol. Yr oedd Cymry Penbedw yn llawn awyddfryd i gael Eisteddfod lwyddiannus yn wyneb y rhyfel erchyll yr oeddent yn rhan ohono. Yr oedd David Lloyd George yn ei chael hi'n anodd i ddygymod â'r dioddef a'r doluriau a welwyd ar filwyr clwyfedig. Dyna pam ei fod yn amharod i ymweld â meysydd y rhyfel yn Ffrainc, ac ar ôl hynny bu yn Fflanders. Ofnai fynd yn 1916 i ysbyty dros dro i weld mab i Aelod Seneddol, a oedd wedi cael ei glwyfo yn ei ben. Yr oedd y bachgen o filwr wedi goroesi bwled a drawodd ei benglog a darn o'i ymennydd. Pan ddaeth y Prif Weinidog yn ôl o'r cyfandir, y cyfan a ddywedai wrth ei feistres, Frances Stevenson, oedd, 'I wish I had not seen him. I was not made to deal with things of war. I am too sensitive to pain and suffering and this visit has already broken me down.'

Byddai canlyniad Eisteddfod y Gadair Ddu yn sicr o'i boeni, ond medrai ef sicrhau digon o noddwyr i'r Eisteddfod, fel ei ffrindiau David Davies, Llandinam, AS Maldwyn, John Hinds, AS sir Gaerfyrddin, a J. Herbert Lewis, AS Fflint. Yr oedd Llewelyn Williams, y bargyfreithiwr ac AS Bwrdeisdref Caerfyrddin wedi colli ffydd yn ei hen ffrind ar ôl Mesur Consgrpsiwn 1916; er hynny, cofiodd angen ariannol yr Eisteddfod, ond y noddwr pennaf oedd yr Arglwydd Leverhulme, Rhyddfrydwr pybyr a'i weledigaeth o Port Sunlight a'r sebon, heb anghofio y sebon sbesial a gynhyrchodd gyda wyneb LLG ar y sebon hwnnw. O blith y noddwyr, yr oedd un o Gymry amlwg Cilgwri, sef Thomas

F. Williams (1851–1943), Meols. Un o Biwmares ydoedd ef a datblygodd ystadau o dai yn Wallasey; adeiladodd ddarn helaeth o Birkenhead Road, Meols a Grove Road yn Hoylake. Yr Eglwys Fethodistaidd a gafodd ei gefnogaeth bennaf ac yr oedd yn Ynad Heddwch a anwylid. Costiai'r Eisteddfod arian, a bu'r Cymry yn barod iawn i gyfrannu. Dyna'r meddyg galluog, yr Athro Thelwall Thomas, mab y ffotograffydd Cymraeg, John Thomas, Cambrian Gallery, Everton, a roddodd £50; ef oedd agosaf at yr Arglwydd Leverhulme, a roddodd £200. Yr oedd David Jones, prif gyfarwyddwr cwmni llongau Elder Dempster yn byw ar yr Esplande yn Waterloo, ac yn barod gyda'i £25. Ond rhoddodd arweinydd Rhyddfrydwyr y Glannau, Syr Edward Evans, goron hardd, a wnaethpwyd yn arbennig gan farsiandïwr diamond yn 10 Bold Street, Lerpwl, John Byrne a'i Feibion. Diddorol sylwi ar y rhestr hir o bobl Penbedw a'r cyffiniau a oedd yn feichiafon (gair anghofiedig bellach) a olyga yn Saesneg *guarantors*. Yr oedd dros gant a hanner ohonynt, hufen Cymdeithas Gymraeg y Glannau yn 1916 a 1917. Ceid pobl academaidd fel yr Athro Garmon Jones, Elm House, Claughton, Athro Hanes a Llyfrgellydd Prifysgol Lerpwl, yna Hugh Evans y cyhoeddwr, Gwasg y Brython, Bootle ac H. Humphreys Jones, pennaeth Ysgol Fferyllwyr Lerpwl a'i chanolfan yr adeg honno yn 18 Colquitt Street. Ceid enwau gweinidogion y dref, fel y Parchedig T. J. Rowlands, MA, BD, 320 Park Road North a brawd y genhades, Dr Helen Rowlands (Helen o Fôn), y Parchedig Price S. Davies, Liscard, y Parchedig J. J. Roberts, Kingsland Road a gweinidog capel Clifton Road, a'r Parchedig David Adams (Hawen), gweinidog Capel yr Annibynwyr Cymraeg, Grove Street, Lerpwl. Yr oedd mab a merch J. Aitsh Jones ymhlith y rhai hyn, Gwilym Peredur Jones, a ddaeth yn Athro Economeg Prifysgol Sheffield, a'r ferch, Miss Eiluned Jones, 6 Primrose Road, a briododd y gŵr bonheddig y cefais y fraint o'i adnabod, R. R. Roberts, a glwyfwyd yr un bore â Hedd Wyn yn Pilkem Ridge. Newydd gyrraedd Penbedw o Aberteifi oedd y Parchedig J. Moelwyn Hughes fel Gweinidog Capel Parkfield. Yr oedd ef wedi uniaethu ei hun â'i gyd-Gymry yn ddiymdroi. Y mae'r rhestr yn rhoddi golwg lewyrchus ar Gymry'r dosbarth canol a'r dosbarth uwch, fel y ddau frawd o gwmni asiant adeiladu, William Venmore, 71 Anfield Road a James Venmore, 27 Anfield Road, dau a fu farw o fewn deuddeg awr i'w gilydd ac o fewn blwyddyn ar ôl i'r eisteddfod gael ei chynnal.

Sut eisteddfod oedd hi? Eisteddfod y bu'n rhaid ei chwtogi i ddau ddiwrnod o gystadlu a phedwar diwrnod o gymdeithasu a chanu, oherwydd fod Prydain yng nghanol colledion y Rhyfel Mawr. Yr oedd Penbedw a Chymru Lerpwl yn colli milwyr ifanc. Yr oedd deg o gysodwyr Gwasg y Brython yn y lluoedd Arfog, gan gynnwys mab y perchennog, Howell Evans. Yr oedd hi'n rhaid gohirio Cymanfa Ganu Bedyddwyr Penbedw yn 1917 o Ebrill i Fehefin ynglŷn â chyhoeddi raglen mewn pryd o achos amgylchiadau y rhyfel. Yr oedd y rhyfel wedi amddifadu pob capel Cymraeg ym Mhenbedw o'u pobl ifanc. Cenid emyn Meurig Maldwyn ar y dôn, 'Tanycastell', yng nghapeli Penbedw:

Arglwydd Iôr! O cofia'r bechgyn
Sydd ymhell o dir eu gwlad;
Dan dy aden dyner, rasol,
Cadw hwynt, O dirion Dad.
Pan ynghanol cyfyngderau
A pheryglon fwy na mwy
Ac ymhell o olwg rhiaint,
Cadw'th lygad arnynt hwy.

Dechreuodd yr Eisteddfod ar nos Fawrth ac yr oedd Anrhydeddus Gymdeithas y Cymmrodorion yn cynnal darlith yn yr YMCA yn Grange Road. Yr oedd y Gorseddigion ar fore Mercher yn y Parc am chwarter wedi wyth, gyda'r Archdderwydd, Evan Rees, neu fel y gelwid ef, Dyfed, wrth y llyw. Yna am 10.30 dechreuwyd ar y prif gystadlaethau. Y coroni oedd y gystadleuaeth i ddenu tyrfaoedd ac am ryw reswm, cadwodd y bardd buddugol draw o'r Eisteddfod. Gweinidog ydoedd yn y De, y Parchedig William Evans (Wil Ifan). Y goron hardd heb neb i'w gwisgo. Ond yr oedd Wil Ifan wedi ennill coron bedair blynedd cyn hynny ac efallai ei fod yn gweld y daith yn bell o Gaerdydd i wisgo coron arall. Dydd Iau oedd diwrnod mawr cadeirio'r bardd a gwrando ar y Prif Weinidog yr un pnawn. Yr oedd y tri beirniad yn bobl atebol iawn: Dyfed, a oedd wedi ennill pedair cadair, y Parchedig J. J. Williams, enillydd y Gadair yn 1906 a 1908, a T. Gwynn Jones, a enillodd yn 1902 a 1909, oedd y rhai a benodwyd. Awdl T. Gwynn Jones yn 1902, 'Ymadawiad Arthur', oedd un o gampweithiau llenyddiaeth Gymraeg. Ni ellid gwell panel ac yr oedd y tri yn cytuno mai un awdl oedd yn haeddu'r clod. Dyfed oedd yng ngofal y seremoni a galwodd am i'r bardd godi. Yn y rheolau, ceid amod yn atal £5 o'r wobr o £10, os nad oedd y buddugol yn bresennol, oddieithr 'y profir i fodlonrwydd fod ei absenoldeb yn anocheladwy', ac yn hanes Bardd y Gadair yr oedd 'ei absenoldeb yn anocheladwy'. Dyfed a ddatgelodd i'r deunaw mil a oedd yn bresennol mai'r buddugol oedd y bardd ifanc 30 oed o'r Ysgwrn, Trawsfynydd, a laddwyd yn Pilkem Ridge ar 31ain o Orffennaf. Canodd Madame Laura Evans Williams Gân y Cadeirio i gyfeiliant Maggie Evans (Megan o Fôn), yr un a fu'n cyfeilio yn Eisteddfod Genedlaethol Birkenhead yn 1878 ac yn gwneud yr un dasg nawr yn 1917. Canodd yr unawdydd adnabyddus yn dyner a dwys gyda dagrau yn treiglo i lawr ei gruddiau. Yr oedd y mawrion, a fu'n perswadio yr ifanc i ymrestru yn y Fyddin oddi ar 1914 i gyd yn eu dagrau, eilun addolwyr Lloyd George bob un ohonynt, fel yr Athro John Morris-Jones, Bangor, a oedd yn arfer â bod yn un o feirniaid y gadair, yr Athro Henry Jones, athronydd ym Mhrifysgol Glasgow a llywydd y dydd ar ddydd Mercher a phregethwr y bobl, Dr John Williams, Brynsiecyn, a chyn hynny, Gweinidog capel hardd Princes Road, Lerpwl. Ni ddaeth neb o deulu yr Ysgwrn i'r eisteddfod ac fe'i cynrychiolid gan un o feirdd Cymry Penbedw, Rowland Wyn Edwards a adnabydid yn y cylchoedd eisteddfodol fel Rolant Wyn ac a drigai yn Woodsorrel Road, cefnder i fam Hedd Wyn. Ef a gludodd y Gadair Ddu ar y trên y dydd Mercher canlynol o Hamilton Square i Drawsfynydd.

Canodd y beirdd enwog a'r beirdd o Lerpwl a'r cyffiniau gerddi ar y llwyfan o flaen y gadair wag a ddaeth yn Gadair Ddu, fel Robert Parry (Madryn) o Bootle a'r Parchedig J. O. Williams, a adnabyddid fel Pedrog. Ar y llwyfan, fel un o dri arweinydd, roedd llenor diddan arall, Lewis Jones (Ynyswr), a ofalai am Ynys Hilbre ger West Kirby a hen, hen, hen ewythr i'r Parchedig Glenys Wilkinson a ddadorchuddiodd gofeb Hedd Wyn yn y parc.

Y diwrnod wedyn, y dydd Gwener, cafwyd y Gymanfa Ganu, dau gyfarfod. Cyhoeddwyd *Detholiad o Emynau*, deugain ohonynt, a bu David Lloyd George yn busnesa ar ba donau y dylid canu yr emynau ac yn gofalu bod ei ffrindiau ef yn amlwg yn y gweithrediadau. Dau o'r gloch oedd y cyfarfod cyntaf a saith o'r gloch yr ail gyfarfod. T. Hopkin Evans, a ddaeth yn Arweinydd Undeb Gorawl Cymry Lerpwl, oedd yr aweinydd a doniau lleol yn helpu: Nellie Lewis ar y piano, Ffreda Holland ar y Delyn a William Jones gyda'r harmonium. Ffrind mynwesol Lloyd George, Syr John Herbert Lewis, AS sir y Fflint, oedd llywydd y pnawn a ficer yn swydd Surrey, Dr Hartwell Jones, cryn arbenigwr ar y byd Celtaidd, yn llywyddu gyda'r hwyr.

Trwy ei farwolaeth y daeth Hedd Wyn yn enwog, yn

enwocach na namyn unrhyw fardd arall yn hanes y Cymry o ran y cyhoedd Cymraeg, ar wahân i William Williams, Pantycelyn. Hedd Wyn yw Rupert Brooke y Cymry. Ond i'r Cymry di-Gymraeg, y bardd sydd yn teilyngu clod yw Edward Thomas, yr oedd ei deulu yntau yn drwyadl Gymreig. Wedi'r cyfan, plant Edward Thomas oedd Merfyn, Morfydd a Myfanwy, enwau cwbl Gymreig. Ond go brin i neb o'u cyfoedion weld ffolineb rhyfel yn gliriach na hwy ill dau. Condemniodd Edward Thomas a Hedd Wyn ryfel a fu'n aberth i Moloch. Bu aml i fardd yn canu cerddi gwrthryfel, a cheir rhai godidog iawn, ond ni wn i am ddim byd mwy syfrdanol a syml, ysgytwol a chofiadwy na'r delyneg ar y testun Rhyfel a luniodd Hedd Wyn. A braint i mi yn y pnawn oedd darllen y delyneg ger y gofeb a'r garreg sydd yn ein hatgoffa ni o Eisteddfod y Gadair Ddu ym Mhenbedw, ond yr wyf am ei phrintio isod gan na allwn ddarllen na chlywed gormod ohoni. Yr wyf am gloi fy ymdriniaeth gyda'r gerdd sydd yn coffâu pawb o blant y gwledydd, rhan o'r dyrfa fawr a laddwyd yn rhyfeloedd yr ugeinfed ganrif:

Gwae fi fy myw mewn oes mor ddreng,
    A Duw ar drai ar orwel pell;
O'i ôl mae dyn, yn deyrn a gwreng,
    Yn codi ei awdurdod hell.

Pan deimlodd fyned ymaith Dduw
    Cyfododd gledd i ladd ei frawd:
Mae sŵn yr ymladd ar ein clyw,
    A'i gysgod ar fythynnod tlawd.

Mae'r hen delynau genid gynt
    Ynghrog ar gangau'r helyg draw,
A gwaedd y bechgyn lond y gwynt,
    A'u gwaed yn gymysg efo'r glaw.

'Y bardd trwm dan bridd tramor': Hedd Wyn a'r Cof Cyhoeddus

U N T R O, W R T H iddo drafod arwyddocâd Owain Glyndŵr yn hanes Cymru, fe ddywedodd Rees Davies fod Owain wedi cael dau fywyd neu ddwy yrfa. Yr yrfa gyntaf oedd yr un ddaearol fel arweinydd gwrthryfel 1400. Yna, yn sgil ei farwolaeth ym 1415, fe ddechreuodd Owain ar ail yrfa a hynny yn ein dychymyg cenedlaethol ni fel Cymry. Mae hwn yn sylw y gallem yn hawdd iawn ei gymhwyso at Hedd Wyn. Mae dau fywyd neu ddwy yrfa yn ei achos yntau. Fe ddaeth bywyd daearol Hedd Wyn i ben ar ddydd olaf Gorffennaf 1917. Ond yna, yn ein cof a'n dychymyg ni fel Cymry, ac yn ein cof cyhoeddus am y Rhyfel Mawr, fe gafodd Hedd Wyn ail fywyd ac ail yrfa.

Fy mwriad yn y cyflwyniad hwn yw canolbwyntio ar yr ail yrfa hon yn hanes Hedd Wyn ac edrych ar y ffordd y lluniwyd y cof cyhoeddus amdano yn y cyfnod 1917–1923, sef o ddiwrnod seremoni'r Gadair Ddu hyd at 11 Awst 1923, diwrnod dadorchuddio'r cerflun ohono yn Nhrawsfynydd. Ond, yn gyntaf oll, fe hoffwn wneud rhai pwyntiau rhagarweiniol ynghylch bywyd daearol y bardd hyd at 1917.

★　　★　　★

Un o blant y Gymru Gymraeg Ymneilltuol oedd Ellis Humphrey Evans. Ym 1901 yr oedd yn bedair ar ddeg oed ac yn ôl cyfrifiad y flwyddyn honno roedd 93.8 y cant o drigolion sir Feirionnydd, ei sir enedigol, yn siaradwyr Cymraeg. Yn wir, Cymry uniaith oedd dros hanner (50.6%) trigolion y sir. Ymhellach, yn sir Feirionnydd ym 1905, allan o boblogaeth o 54,894, roedd gan yr ysgolion Sul 33,413 o aelodau.

O ran ei diwylliant, dyma i ni felly gymdeithas werinol, Brotestannaidd a Beibl-ganolog, cymdeithas oedd yn rhoi bri ar lythrennedd, emynyddiaeth a phethau'r meddwl. Drwy gyfrwng cyfarfodydd cystadleuol ac eisteddfodau, dyma i ni hefyd gymdeithas oedd yn rhoi bri ar gerddoriaeth a barddoniaeth. Cynnyrch y diwylliant gwerin Protestannaidd ac egalitaraidd hwn oedd Hedd Wyn. O gofio hynny, er mai mab fferm ydoedd, does dim byd yn annisgwyl nac yn od yn y ffaith ei fod yn ymddiddori mewn barddoniaeth. Roedd amodau diwylliannol yr oes yng Nghymru yn llwyr o blaid hynny. Roedd yng Nghymru ddegau ar ddegau o fechgyn ifanc cyffredin tebyg iddo oedd yn ymddiddori mewn llenyddiaeth.

Wrth gwrs, nid oedd y diwylliant gwerin Protestannaidd hwn yn cwmpasu'r holl gymdeithas Gymreig. Do, fe grewyd darlun delfrydol a dyrchafol o'r werin ymneilltuol Gymraeg ei hiaith, a hynny'n bennaf gan O. M. Edwards. 'Erbyn heddyw,' meddai O. M. Edwards ym 1891, 'y mae gwerin Cymru y fwyaf llenyddol ei chwaeth o bob gwerin byd.' Ond gwlad ranedig yn ieithyddol oedd Cymru erbyn hynny. A hyd yn oed yng nghadarnleoedd ymneilltuaeth a'r Gymraeg, roedd y gymdeithas yn dra chymysgryw. Flynyddoedd yn ôl, yn eu hastudiaethau o rai o bentrefi'r Cymru wledig, roedd cymdeithasegwyr yn hoff iawn o rannu'r gymdeithas yn ôl ffordd o fyw ac ymlyniadau diwylliannol. Pobl 'Buchedd A' oedd pobl y capeli, ond roedd yno hefyd bobl 'Buchedd B', yn fwy seciwlar eu diwylliant ac yn fwy tueddol o fynychu tafarndai. Mae'n ddiamau fod hynny yr un mor wir am Drawsfynydd Hedd Wyn.

Mab fferm oedd Hedd Wyn, ond mae'n gwbl amlwg mai barddoniaeth oedd ei gariad mawr ac mai ffermwr braidd yn anfoddog a di-lun ydoedd. Ym marn un o'i ffrindiau, Glyn Myfyr, 'nid oedd iddo rymuster corff amaethwr, eithr yn hytrach eiddilwch corff yr efrydydd.' Gogleisiol hefyd yw'r atgof cyntaf amdano gan un o'i gyd-filwyr, Simon Jones, wrth iddynt gyfarfod yn Wrecsam ar eu ffordd i wersyll milwrol Litherland: 'a dwi'n cofio . . . sgidie cochion genno fo a cetyn yn ei geg.' Ffermwr mewn sgidie cochion? Sgersli bilîf! Yn fuan ar ôl Eisteddfod y Gadair Ddu fe ofynnwyd i Mary Evans, mam y bardd, beth fyddai hanes Hedd Wyn petai wedi gorfod ffermio ar ei ben ei hun. Roedd ei hateb hi'n un syml: 'Buasai wedi newynu.'

Mae llawer sydd wedi trafod Hedd Wyn yn rhoi cryn bwys ar y ffaith mai cyfyng eithriadol oedd yr addysg ffurfiol a gafodd. Mae hynny'n wir. Ond, fel yr ydym wedi nodi'n barod, yr oedd wedi'i fagu mewn cymdeithas a roddai gryn bwys ar lythrennedd, darllen a phethau'r meddwl. Mae'n ddiddorol cymharu Hedd Wyn â bardd ifanc gwerinol arall o sir Feirionnydd, un a fu farw'n naw ar hugain oed ym 1918 o achosion naturiol. John Baldwyn Jones oedd enw hwnnw, mab John Jones, Tynybraich, Dinas Mawddwy. Yn wahanol i Hedd Wyn fe aeth John Baldwyn ymlaen i Goleg Bangor lle bu am gyfnod, cyn i'w iechyd dorri, yn astudio Cymraeg. Ond, o edrych ar ei gynnyrch barddol, prin y byddai rhywun yn dweud bod ei addysg wedi rhoi unrhyw fantais iddo dros Hedd Wyn. Na, chafodd Hedd Wyn fawr o addysg ffurfiol, ond yr oedd mewn gwirionedd yn fardd eithriadol o ddysgedig, yn fardd darllengar oedd yn meddu ar wybodaeth helaeth o farddoniaeth Gymraeg a Saesneg fel ei gilydd.

A dyma i ni'r pwynt olaf. Wrth ddarllen gwaith Hedd Wyn, mae rhywun yn gweld tirlun agored a noeth Trawsfynydd ac yn ymdeimlo ag unigedd y '[l]lwm greigleoedd' a'r 'cymoedd cau' hynny y soniodd amdanynt. Yn sgil hynny, hawdd fyddai credu ein bod ni yng nghwmni bardd meudwyaidd, bardd yr unigeddau, bardd oedd yn blentyn natur ac yn caru'r encilion. Ond, mae'n gwbl amlwg mai un eithriadol o gymdeithasgar oedd y bardd. Yng ngeiriau Robin Gwyndaf, 'dyn pobl' ydoedd, un hwyliog a chastiog, ond un oedd hefyd yn gallu sefyll ar lwyfan ac arwain cyfarfodydd llenyddol. I bob pwrpas roedd ei gylchoedd cymdeithasol yn cwmpasu pobl 'Buchedd A' a 'Buchedd B', yn ymestyn o gynteddau capel Ebeneser yn Nhrawsfynydd i gynteddau'r Abbey Arms yn Llan Ffestiniog. Ac nid byw a wnâi chwaith ymhell o gyrraedd y byd modern. Roedd y trên yn rhedeg o orsaf Trawsfynydd i ganol bwrlwm bywyd trefol Blaenau Ffestiniog. Roedd Llyfrgell Gyhoeddus y Blaenau a chwmnïaeth rhai o wŷr llên y dref yn rhan bwysig o'i ddatblygiad deallusol. Ac yn y Blaenau hefyd roedd adloniant newydd yr oes. Yno, yn yr hen Central Hall, yng nghwmni ei gariad Jennie Owen, yr arferai fynd i weld lluniau byw (*moving pictures*). Yn ddiamau, roedd gan Hedd Wyn alluoedd deallusol uwch na'r cyffredin, ond nid un o blant yr ymylon ydoedd. Fel y nododd un o'i gydnabod yn Nhrawsfynydd: 'Elis 'Rysgwrn, y bachgen ifanc nad ymddangosai'n wahanol i neb arall.'

★   ★   ★

Fe drown yn awr at yr ail yrfa ac at y delweddau cyhoeddus o Hedd Wyn a gafodd eu creu yn sgil seremoni'r Gadair Ddu. Gadewch i ni fynd yn ôl ganrif ac ail-fyw'r seremoni drwy gyfrwng y *Cambrian News and Merionethshire Standard*:

> In the afternoon meeting was to come the ceremony of the chairing of the bard. There was a hushed premonition in the circles round the stage that this beautiful and ancient ceremony was not to take place; and, after the reading of the adjudication by Mr Gwyn Jones, the nom-de-plume of 'Fleur-de-lys' was called out as that of the winner. In dead silence it

was announced that the successful poet was 'Hedd Wyn,' the sheperd-poet from Trawsfynydd, Merionethshire, but that he lay in a quiet grave somewhere in France. No words can adequately describe the wave of emotion that swept over the vast audience when the chair was draped with the symbols of mourning, and when Madame Laura Evans Williams was called on to sing the chairing song there was hardly a dry eye in the place. This great singer almost broke down, when commencing, in a voice choked with tears, the accents of 'I Blas Gogerddan'; but, gradually gaining steadfastness, she finished off with a triumphant:

> 'Mil gwell yw marw'n fachgen dewr
> Na byw yn fachgen llwfr.'

The poets who were called on, according to custom, to contribute stanzas, gave of their best . .

The proceedings ended with the vast audience rising and singing 'Bydd Myrdd o Ryfeddodau', led by Dr David Evans.

There were a number of striking coincidences in connection with this event. The poet's name Hedd Wyn (i.e. White peace) slain in battle; the subject of the poem 'The Hero'; the chair carved by a Belgian refugee in the defence of whose country the poet met his fate; on the stage witnessing the ceremony the Prime Minister to whom the country looks to bring the war to a successful issue as some justification of these heavy sacrifices.

O safbwynt ein trafodaeth ni, y peth allweddol ynghylch seremoni'r Gadair Ddu yw'r ffaith fod y cof cyhoeddus newydd am Hedd Wyn yn cael ei gysylltu â dwy ddelwedd: Hedd Wyn y bardd-filwr arwrol a Hedd Wyn y bardd o fugail. A'r un sy'n serio'r delweddau hynny ar feddwl y gynulleidfa yw'r archdderwydd Dyfed. O'r holl anerchiadau barddol yn y seremoni, penillion Dyfed a wnaeth yr argraff fwyaf. Dyma rai ohonynt:

I gylch yr Eisteddfod, o gynnwrf y byd,
I gwrdd â'r awenydd daeth cenedl ynghyd;
Fe ganwyd yr udgorn, a threfnwyd y cledd –
Ond gwag yw y gadair – mae'r bardd yn ei fedd!

Anfonodd ei 'Arwr' i brif ŵyl ei wlad,
A syrthiodd yn arwr ei hun yn y gad;
Oferedd yn awr yw bloeddiadau o hedd,
Mae'r Awen yn weddw – a'r bardd yn ei fedd . . .

Bugeiliodd ei ddefaid heb rodres na ffug,
Yn feudwy'r encilion ynghanol y grug;
Fe groesodd y culfor, â'i law ar ei gledd,
Mae'r praidd ar y mynydd – a'r bardd yn ei fedd.

Wel, dyma i ni Hedd Wyn, y llencyn cymdeithasgar a'r ffermwr di-lun, wedi cael ei droi'n 'feudwy'r encilion yng nghanol y grug' ac yn un a 'fugeiliodd ei ddefaid heb rodres na ffug'. Ac mae bardd y sgidiau cochion bellach 'yn arwr' â'i 'law ar ei gledd'. Drwy gyfrwng y wasg brint, fe ledaenwyd y darlun deuol hwn o'r bardd. Hedd Wyn y bardd-filwr a Hedd Wyn y bugail o fardd – felly y cafodd Hedd Wyn ei aileni yn Birkenhead, felly y dechreuodd ar ei ail yrfa yn nychymyg y cyhoedd yng Nghymru. Fel y gwelsom, 'the sheperd poet from Trawsfynydd' ydoedd yng ngolwg y *Cambrian News*, ac mae ymadroddion o'r fath yn britho papurau newydd mis Medi 1917: 'bugail defaid ar fynydd-dir', 'y bugail ieuanc', 'bugail hoff ffyddlon', 'mwyn fugeilfardd', 'a sheperd while at home', 'bachgen o fugail ar fryniau Meirion'. Ailgylchir delwedd y bardd-filwr â'r un cysondeb hefyd: 'arwr-fardd cwmpiedig', 'the soldier-bard', 'bardd-filwr', 'gwir arwr', 'Dead Soldier bard'. Nid mewn adroddiadau papur newydd yn unig y mae'r delweddau hyn yn ymddangos ochr yn ochr â'i gilydd. Y maent i'w cael hefyd mewn cruglwyth o gerddi coffa i Hedd Wyn. Yn wir, erbyn diwedd 1917, roedd y delweddau hyn o Hedd Wyn wedi crwydro mor bell â gogledd America a Phatagonia, fel y dengys cerddi coffa iddo yn y *Drych* a'r *Drafod*.

Roedd rhywbeth cwbl theatraidd ynghylch seremoni'r Gadair Ddu. Wrth gwrs, rhaid gochel rhag amau didwylledd emosiwn y gynulleidfa. Mae'n ddiamau fod cannoedd yn ei phlith wedi colli anwyliaid yn y rhyfel. Er enghraifft, roedd Isaac Davies, un o ysgrifenyddion yr Eisteddfod, wedi colli mab dri mis yn flaenorol. Ac eto, anodd anwybyddu'r ffaith mai sioe'r sefydliad Anghydffurfiol-Ryddfrydol Gymreig oedd hon. Yno'n bresennol roedd rhai o gewri'r sefydliad hwnnw, Syr John Morris–Jones, John Williams Brynsiencyn, Syr Henry Jones, ac fe fyddai O. M. Edwards yno hefyd oni bai am afiechyd. Roedd y pedwar hyn wedi cefnogi'r rhyfel yn ddiwyro er 1914, ac yn tra arglwyddiaethu dros bawb yr oedd David Lloyd George. Roedd seremoni'r gadair ddu yn brawf o deyrngarwch diwyro'r Gymru Gymraeg i achos y rhyfel; roedd Hedd Wyn – y bardd o fugail – yn arwydd fod gwerin ddelfrydol O. M. Edwards yn cyflawni'r aberth eithaf. Yn wir, yng ngolwg gohebydd y *South Wales Daily News* yr un oedd delfrydau Hedd Wyn ag eiddo David Lloyd George ei hun:

> At the bardic ceremony of honour 'Y Gadair Ddu' . . . the Premier was a silent, deeply moved spectator, and if anything were needed to demonstrate the unity of heart between the Premier and the little nations, it was furnished by the scene around the 'Gadair Ddu'. Here were defeated competitiors, contemporary admirers, and a wondering assembly of ten thousand people . . . paying a heartfelt posthumous tribute to the poetic genius, who had fallen in battle for his country's cause and for the liberty of little nations. 'Hedd Wyn' – a simple farmer from the mountains of Merionethshire – had, in his vision on Mount Parnassus, depicted the past and

dwelt lovingly on the eternal peace. And the man who is acknowledged by the world to-day to be the champion of the rights of small nations and the most powerful advocate of a lasting peace for Europe, stood bearheaded and tear-eyed at the ceremony, doubtless more determined than ever to do all he can to secure the absolute reality of an abiding 'Hedd Wyn' – a white peace.

Efallai y dylem oedi yma i holi beth yn wir oedd agweddau Hedd Wyn ei hun tuag at y rhyfel. Dylem gofio mai am gyfnod byr yn unig y bu yn Ffrainc a Fflandrys. Ni fu erioed *yn* y ffosydd, dim ond cerdded drwyddynt un waith a wnaeth cyn mynd dros y top i'w dranc ym mrwydr Cefn Pilkem. Yn amlwg, ni chafodd, felly, y profiadau hynny a greodd y fath sinigaeth yng nghanu bardd Saesneg fel Sassoon a bardd o Gymro fel Cynan. Wrth gwrs, nid oedd Hedd Wyn yn filitarydd. Ond eto y mae amwysedd tuag at y rhyfel yn ei waith, yn enwedig yn ei ganu cymdeithasol i gyfeillion a laddwyd. Weithiau y mae fel petai'n cyfiawnhau'r rhyfel. Mae'n amlwg hefyd ei fod wedi darllen datganiadau a thraethodau deallusion fel O. M. Edwards, W. Llywelyn Williams a John Morris–Jones o blaid y rhyfel ac fe'i gwelir weithiau'n atgynhyrchu'u hiaith rethregol hwy. Militariaeth honedig anwar ac eithafol yr Almaen, a thraddodiad milwrol dall Prwsia yn enwedig, oedd achos y rhyfel yng ngolwg y gwŷr a enwais, ac mae rhywun yn ymdeimlo â'r beio hwnnw yn englyn coffa enwog Hedd Wyn i Tommy Morris ('Er i'r Almaen ystaenio / Ei dwrn dur yn ei waed o'). Roedd yr un ysgrifwyr hefyd o'r farn fod athronwyr a deallusion yr Almaen wedi ei harwain i gors beryglus o falchder yng ngallu dyn, ac wedi tanseilio Cristnogaeth ymhlith yr Almaenwyr. 'Mae gan wladweinwyr yr Almaen rith Cristionogaeth, ond maent wedi gwadu ei grym hi,' ebe W. Llywelyn Davies. Meddai O. M. Edwards am yr Almaen, 'Seiliwyd ei mawredd ar athroniaeth sy'n gwadu ac yn dirmygu efengyl Crist,' ac fe alwyd yr athroniaeth Dewtonaidd hon gan John Morris–Jones yn 'Grefydd Newydd yr Almaen'. Gwyddom oll am gerdd enwocaf Hedd Wyn am y rhyfel. 'Gwae fi fy myw mewn oes mor ddreng / A Duw ar drai ar orwel pell,' meddai'r bardd yn y pennill cyntaf. 'Pan deimlodd fyned ymaith Dduw / Cyfododd gledd i ladd ei frawd,' meddai yn yr ail. Yn awr, yn hytrach na chondemniad cyffredinol o ryfel, fel y tybir gan amlaf, onid adlais o'r feirniadaeth o ddiwinyddion ac athronwyr yr Almaen, y rhai sy'n 'gwadu ac yn dirmygu efengyl Crist' chwedl O.M. Edwards, a gawn ni yma gan y bardd? Ydyw, mae'r darlun yn un annelwig. Ond yr unig beth y medrwn ni ei ddweud i sicrwydd yw hyn: milwr anfoddog iawn oedd Hedd Wyn. Fel y dywedodd wrth ei gariad Jennie, 'Saetha' i neb byth. Mi ga' nhw fy saethu i os leicia nhw.'

Erbyn 1917, ac yn sicr erbyn Eisteddfod Birkenhead, roedd y brwdfrydedd o blaid y rhyfel wedi dechrau oeri. Fe draddodwyd beirniadaeth y gadair yn Brikenhead gan T. Gwynn Jones. Roedd ef wedi gwrthwynebu'r rhyfel o'r cychwyn cyntaf ac fe grynhodd ei ymateb i'r seremoni mewn llythyr at gyfaill:

Sentimentalwch oedd llawer o'r hyn a gyhoeddwyd am y gadair wag, er bod yr amgylchiadau'n ddigon trist . . . Dywedai dynion trigain oed, a fu wrthi fel diawliaid yn hela hogiau i'r fyddin, eu bod yn methu peidio ag wylo . . . Pan gododd y dyn bach cegog i siarad, euthum allan i gael mygyn. Ond nid oedd *matches* gennyf . . . Gan mai mwg oedd arnaf ei eisiau, euthum i mewn yn fy ôl a chlywais y druth.

Sosialydd oedd T. Gwynn Jones ac mae'n ddiddorol sylwi ar ymateb y *Labour Leader* – papur Prydeinig yr ILP – i drasiedi'r Gadair Ddu. Fe ddisgrifir y seremoni fel un o'r adegau, 'when the full horror of the perpetual murder, with which we have become too terribly familiar, is thrown dramatically across our vision'. Fe gafwyd ymateb hefyd gan heddychwyr Cristnogol. Er enghraifft, ym mhapur y *Dinesydd Cymreig* wele lythyr gan 'H. H. J' o Drefor. Yn ei farn ef, byddai 'Cadair Ddu Hedd Wyn . . . ynghyda cadeiriau gweigion aelwydydd teyrnasoedd Ewrop yn . . . warthnod bythol i'r oesau a ddêl.' Â rhagddo wedyn i ymosod ar weinidogion 'sydd wedi cefnu ar Galfaria, gan droi y pwlpudau ... yn swyddfeydd recriwtio i'r brenin daearol'.

Nid pawb, felly, oedd yn derbyn y ffordd arwrol a rhamantaidd y cafodd Hedd Wyn ei becynnu ar gyfer y cyhoedd yn seremoni'r Gadair Ddu, a'r prawf mawr o hynny yw'r cyfarfod cyhoeddus a drefnwyd i dderbyn y Gadair Ddu yn ôl i Drawsfynydd ar nos Iau 13 Medi 1917. Mae'r cyfarfod yn wrthbwynt i seremoni'r Gadair Ddu, yn amlygiad o densiwn rhwng y modd y cafodd Hedd Wyn ei goffáu ar lefel genedlaethol gan y sefydliad Cymreig a'r ffordd yr oedd ei deulu a'i gyd-ardalwyr yn Nhrawsfynydd yn dymuno'i gofio. Nid y gadair yn unig a ddaeth yn ôl i Drawsfynydd ar nos Iau 13 Medi, ond rheolaeth leol hefyd dros goffawdwriaeth y bardd.

Yn ôl gohebydd *Y Cymro*, roedd dydd Iau y trydydd ar ddeg yn ddiwrnod glawog a'r afonydd wedi gorlifo'u glannau. Ac eto, roedd Neuadd Trawsfynydd yn orlawn erbyn hanner awr wedi saith. Yn ôl y gohebydd:

Nid oedd neb enwog iawn ar yr esgynlawr . . . Gwerin gwlad oedd y cynulliad a lanwai yr ystafell . . . distaw a difrif-ddwys oedd y gwrandawyr, a bûm yn hir yn ceisio deall beth oedd yn cyfrif am deimlad rhyfedd y dorf. Prin y credwn fod hyd yn oed cadair wag yn esboniad llawn arno. Ond pan soniodd y Cadeirydd am deulu'r Ysgwrn, ac y trodd ef at yr amaethwr oedd yn eistedd tu ol i'r gadair wag, ac y dywedodd 'Dyma dad Hedd Wyn,' – deallais y cyfan. Dyna un peth nad oedd yn Birkenhead.

Ymhellach, yn ôl y gohebydd, nid oedd yn Nhrawsfynydd yr un o 'brif golofnau'r Eisteddfod', ond roedd yno 'beth llawer gwell' – noson oedd hon, meddai 'i'r plwyf a'r gymdogaeth i ddangos eu parch i goffawdwriaeth un o'u plant, a llawer gwell oedd i bawb arall gadw draw.'

Y Parchedig J. D. Richards, gweinidog Hedd Wyn, oedd yn llywyddu ond roedd yn y cyfarfod elfen o densiwn. Ebe'r gohebydd:

Soniai rhai o'r siaradwyr am wladgarwch Hedd Wyn, – yn ateb galwad y Fyddin ac yn aberthu ei fywyd dros yr egwyddorion mawrion sydd dan draed yn y Cyfandir. Ond gwedd arall oedd yn apelio fwyaf at y cynulliad wyddai'r hanes. Mab heddwch, plentyn tangnefedd, oedd Hedd Wyn, nid gŵr y bidog.

Roedd rhai o bersoniaid yr Eglwys Wladol yn bresennol ac mae'n amlwg mai hwy oedd yn 'Tueddu . . . i wneud arwr milwrol o Hedd Wyn'. Ond, fe syrthiai hynny'n oer ar glustiau'r 'rhai a adwaenent y bardd oreu.' Tawel ac urddasol oedd ysbryd y dorf, ond pan ddatganodd y Parchedig J. D. Richards mai 'Mab heddwch oedd Hedd Wyn', fe gafwyd cymeradwyaeth frwdfrydig.

Mae deinameg y cyfarfod hwn yn drawiadol wahanol i seremoni'r Gadair Ddu: y lleol a'r teuluol yn hytrach na'r cenedlaethol a'r sefydliadol, adnabyddiaeth o'r bardd yn hytrach na'r ystrydebau parod am golledigion y rhyfel, cynulleidfa ymatalgar lai emosiynol na'r un ym Mhenbedw, ac, wrth gwrs, mae yma wrthdrawiad rhwng gwerthoedd trwch y gynulleidfa a'r rhai y gellid eu hystyried yn gynrychiolwyr y sefydliad, sef personiaid yr Eglwys Wladol. Mae dyhead cryf yma hefyd i ddiosg lifrai'r fyddin oddi ar Hedd Wyn wrth fynd ati i'w goffáu, gan chwalu un o'r delweddau a ddeilliodd o seremoni'r sefydliad ar lwyfan Eisteddfod Birkenhead. Yn Rhagfyr 1917, mewn cyngerdd ym Mlaenau Ffestiniog i gasglu arian at gofeb Hedd Wyn, fe roddwyd mynegiant clir i'r un agweddau gwrth-filwrol. Yno, o flaen tad a chwiorydd y bardd, fe gyhoeddwyd na fyddai 'dim milwrol o amgylch ei gofgolofn' ac mai 'i Hedd Wyn y bardd' y byddai'r gofgolofn 'ac nid i'r milwr'.

★   ★   ★

Ar ôl yr Eisteddfod yn Birkenhead fe sefydlwyd pwyllgor lleol yn Nhrawsfynydd i goffáu'r bardd a phwyllgor cenedlaethol hefyd. Ymhen dim roedd y ddau i bob pwrpas ymarferol yn gweithredu fel un. Y tri ffigwr allweddol oedd J. R. Jones, prifathro Ysgol Gynradd Trawsfynydd, y bardd, yr addysgwr a'r sosialydd R. Silyn Roberts (a oedd yn adnabod Hedd Wyn gan iddo fod yn weinidog yn Nhanygrisiau rhwng 1905 a 1912), a Syr E. Vincent Evans, a oedd wedi'i fagu yn Nhrawsfynydd ond a oedd erbyn 1917 yn un o Gymry mwyaf dylanwadol Llundain.

Fe osodwyd dau nod gan y pwyllgor. Y cyntaf oedd casglu gwaith y bardd ynghyd a'i gyhoeddi'n gyfrol. Yr ail oedd codi cofeb iddo yn Nhrawsfynydd. Fe lwyddwyd i gyflawni'r nod cyntaf erbyn Gorffennaf 1918 pan gyhoeddwyd *Cerddi'r Bugail* o dan olygyddiaeth J. J. Williams.

O ran creu'r cof cyhoeddus am Hedd Wyn, mae hon yn gyfrol bwysig yn sgil ei theitl a'i hwynebddalen. Roedd yna ymgynghori cyson wedi bod gyda theulu'r Ysgwrn ac mae'n amlwg fod dyhead y cyfarfod coffa yn Nhrawsfynydd i gofio'r bardd yn hytrach na'r milwr yn adlewyrchu barn bendant y teulu. Prin oedd y parch at y fyddin ar aelwyd Yr Ysgwrn a'r hyn a welwn ni yn nheitl ac wynebddalen y gyfrol yw eu parodrwydd, ar y naill law, i gadw un o'r delweddau o Hedd Wyn a ddeilliodd o seremoni'r Gadair Ddu, a phenderfyniad cadarn i ymwrthod ag un arall. Mae Hedd Wyn y bardd o fugail yn aros, ond mae Hedd Wyn y bardd-filwr yn cael mynd. Yn hynny o beth, mae'n werth cofio na oroesodd unrhyw ffotograff o Hedd Wyn mewn lifrai milwrol.

Fe luniwyd wynebddalen *Cerddi'r Bugail* gan Kelt Edwards, yr arlunydd o Flaenau Ffestiniog. Yr oedd ef eisoes wedi cynhyrchu gwaith celf a oedd yn gysylltiedig â'r rhyfel, gan gynnwys rhai cardiau post tra jingoistaidd. Yn Hydref 1917 aeth ati i lunio portread o Hedd Wyn ar gyfer cerdyn post a werthodd wrth y miloedd, sef 'Hiraeth Cymru am Hedd Wyn'. Ynddo mae Hedd Wyn yn ei lifrai milwrol ac mae delwedd y bardd-filwr arwrol yn eithaf amlwg. Erbyn Mehefin 1918 roedd Kelt Edwards yn gweithio ar fersiwn newydd o'r portread, ond, wrth sôn am hwnnw mewn llythyr at R. Silyn Roberts, dywed hyn: 'Dymuna teulu a chyfeillion Hedd Wyn imi newid diwyg y sowldiwr i wisg bugail.'

Yn y fersiwn newydd mae dillad y milwr wedi mynd, ac mae'r hyn sydd yno o ben ac ysgwydd Hedd Wyn yn seiliedig ar ffotograffau o'r bardd mewn siwt a thei. Ni chafodd y portread newydd erioed ei argraffu ar ffurf cerdyn post ac roedd hi'n rhy ddrud i'w atgynhyrchu fel wynebddalen yn *Cerddi'r Bugail*. Ar wynebddalen y gyfrol mae trydydd cynnig Kelt Edwards ac mae delwedd y bardd-fugail erbyn hyn yn llywodraethu, er bod y bardd yn ei siwt o hyd.

A throi at y cerflun o Hedd Wyn, fe fu'r gwaith o gomisiynu a gosod hwnnw yn ei le yn llawer mwy trafferthus. Nid tan 11 Awst 1923 y cafodd ei ddadorchuddio. Y bwriad gwreiddiol oedd comisiynu'r cerflunydd enwog o Groatia, Ivan Mestrovic, un o alltudion y rhyfel yn Llundain. Yr ail awgrym oedd Goscombe John, ond yn y diwedd fe fu'n rhaid bodloni ar ddisgybl John, sef Leonard S. Merrifield. Roedd Merrifield eisoes wedi llunio'r cerflun o Williams Pantycelyn yn Neuadd y Ddinas Caerdydd. Fe luniodd sawl coffa ryfel hefyd, gan gynnwys yr un ym Merthyr

Tudful. (Ef hefyd, gyda llaw, a luniodd y cerflun sydd o flaen Stormont o Edward Carson.)

'Y bardd trwm dan bridd tramor.' Dyna linell gyntaf englynion coffa enwog R. Williams Parry i Hedd Wyn sy'n rhan o deitl y ddarlith hon. Mae'r englynion hynny'n pwysleisio terfynoldeb angau'r bardd a'r ffaith na fydd yn dychwelyd byth mwy o ddaear Fflandrys i Drawsfynydd. Ond, ar 11 Awst 1923, roedd Hedd Wyn, mewn ystyr ffigurol o leiaf, wedi dychwelyd, ac mewn termau felly yr ymatebodd rhai o bapurau Cymraeg y cyfnod i seremoni'r dadorchuddio. 'Hedd Wyn yn ôl yn Nhrawsfynydd' oedd y pennawd yn *Y Brython*. Ac meddai'r *Herald Cymraeg*, 'Dyma Hedd Wyn wedi dod yn ôl i Drawsfynydd byth i ymadael mwy'. Mae'n ddiddorol cymharu'r seremoni hon ym 1923 â seremoni ddadorchuddio cofeb ryfel Trawsfynydd yn ôl ym mis Medi 1921. Goroesodd ffotograffau o'r ddwy seremoni. Yn achos seremoni 1921, mae'r gofeb ryfel wedi ei gorchuddio â Jac yr Undeb, a Lady Osmond Williams, gwraig Arglwydd Raglaw Sir Feirionnydd sy'n ei dadorchuddio. Yn y llun o seremoni 1923 gwelir bod cofeb Hedd Wyn o dan darpowlin gwyn a Mary Evans yr Ysgwrn sydd yno i gyflawni'r gwaith o'i dadorchuddio. Fel y nododd yr *Herald Cymraeg*, 'Gan mai "Hedd Wyn" ydoedd, ni bu unrhyw fath o saethu na rhialtwch milwrol o gwmpas yr amgylchiad'. Ond fe ganwyd Hen Wlad fy Nhadau – a Hen Wlad fy Nhadau yn unig, sylwer – ar ddiwedd y seremoni. Oedd, roedd Hedd Wyn wedi dod yn ôl i Drawsfynydd, ac yn rhith bugail yr oedd hefyd wedi dianc yn ôl i'r mynyddoedd o grafangau'r fyddin.

Roedd aelodau'r pwyllgor coffa yn eithriadol o falch o'r cerflun, yn enwedig felly J. R. Jones, y Prifathro lleol. Ac roedd teulu'r Ysgwrn, drwy gyfrwng Mary, chwaer y bardd, eisoes wedi rhoi sêl eu bendith ar y gwaith. Yn ôl ym mis Mai roedd Mary wedi ymweld â stiwdio Merrifield yn Chelsea er mwyn rhoi ei barn ar y model maint-llawn cyn y castio terfynol ag efydd. Ac meddai hi mewn llythyr at Silyn Roberts, 'Yr unig wall oedd arno oedd y trwyn, a'r wefus a'r glust . . . Ond wedi i Mr Merrifield ei altro roedd yn debycach o lawer i Elis'.

Ar ôl y seremoni fe fu gohebydd *Y Brython* yn holi rhai o drigolion Trawsfynydd er mwyn cael eu barn am y cerflun. A dyma'u hymateb: ' "Yr hen Elis ydi o i'r dim," ebr un; "mae o 'run fath a fo'n union," medda un arall; "y fo ydi o," meddai cydnabod arall, "Er na welis 'rioed mono fo mewn dillad fel yna, mi faswn yn nabod ei wyneb o ar drawiad yn unman".'

Sylwer ar eiriau un o'r brodorion hyn – 'welis i 'rioed mono fo mewn dillad fel yna'. Yn amlwg, roedd natur or-ramantaidd y portread yn groes i'r atgofion am Hedd Wyn oedd gan rai o'i gyfeillion agosaf, a cheir yma rywfaint o densiwn rhwng y cof am y dyn go-iawn a'r ddelwedd lywodraethol ohono fel bugail o fardd oedd wedi ei chreu bellach yn y cof cyhoeddus torfol. Un o'r cyfeillion agos hyn oedd yn methu cysoni'r cerflun gyda'r Hedd Wyn y cofiai ef amdano oedd Morris Davies (Moi Plas), un o gyfeillion bore oes Hedd Wyn. Er mai yn y 1960au y cofnodwyd ei sylwadau, mae'n werth sylwi arnynt am eu bod yn ddadlennol ac yn ddoniol:

Mae'r wyneb a'r corff yn dda iawn, ond welodd neb erioed mo Elsyn mewn clôs pen glin, a chôt ar 'i ysgwydd, a ffon bugail ar 'i fraich. 'Doedd gan Elsyn ddim byd i'w ddeud wrth ddefaid, a threuliodd o 'rioed awr i ddysgu ci . . . Roedd o'n mynd i godi defaid yn yr haf . . . ond dyna'r cwbwl. 'Roedd o'n carthu'r beudy hefyd, ond 'doedd hynny ddim yn 'i neud o'n borthmon . . . mae 'na rwbeth barddonol mewn bugeilio defaid, ond oes? 'Does 'na ddim byd yn farddonol mewn carthu beudy.

Beth a wnawn ni, felly, o gerflun Merrifield?
Yn amlwg, fe orfodwyd delwedd y bugail ar Merrifield yn union

fel ag yn achos Kelt Edwards a'i ddarluniadau. Ond eto, yr wyf i'n credu bod llawer i'w ddweud o blaid y cerflun. Y peth cyntaf i'w gofio, wrth gwrs, yw mai gwaith creadigol gan artist sydd yma. Yn ail, yr hyn y byddwn i'n ei bwysleisio yw mai yng nghyddestun barddoniaeth a gweledigaeth farddol Hedd Wyn y mae'r lle priodol i'w werthfawrogi. Ac mae'n amlwg fod Merrifield, er mai Sais ydoedd, wedi cael gwybodaeth ddigonol ynghylch prif themâu gwaith Hedd Wyn, yn enwedig themâu awdl 'Yr Arwr'. Fe gafodd Hedd Wyn ei ddisgrifio gan Alan Llwyd fel 'y bardd rhamantaidd Cymraeg mawr olaf'. Digon gwir, nid o'r mynyddoedd yn llythrennol, nid wrth fugeilio (na charthu), y cafodd ddeunydd ei gân a'i themâu, ond mewn llyfrau yn Llyfrgell Gyhoeddus Blaenau Ffestiniog, yn y Beibl, yng ngwaith beirdd fel Shelley, Keats, Wordsworth ac R. Williams Parry. Ond, serch hynny, gellid dal fod y cerflun, a ffigwr y bugail wrth gwrs, yn gyflead ardderchog o natur ramantaidd ei waith ac o natur rhamantiaeth yn gyffredinol.

Yn drydydd, cofiwch fod yng ngwaith Hedd Wyn, ac yn awdl 'Yr Arwr' yn sicr, ddisgwylgarwch proffwydol am y Jerwsalem newydd ac am ryw yfory gwell. Wedi'r cwbl, yr oedd Hedd Wyn yn sosialydd Cristnogol o ryw fath. Y mae'r bugail yn y cerflun â'i olygon tuag at y pellter, tuag at gartref y bardd yn yr Ysgwrn. Ond y mae yma hefyd ryw edrych proffwydol 'dros y bryniau pell' am y byd rhagorach hwnnw oedd i fod i ddilyn y rhyfel.

Edrych yn hyderus tua'r dyfodol y mae'r bugail yn y cerflun, ond y mae'n gerflun hefyd sy'n edrych am yn ôl. Y Rhyfel Byd Cyntaf oedd rhyfel mecanyddol mawr cyntaf yr oes ddiwydiannol newydd ac fe sigodd wareiddiad Ewrop hyd at ei seiliau. Fe greodd hynny awydd ymhlith llawer i ailgysylltu â rhyw orffennol cynddiwydiannol a pharadwysaidd, rhyw oes aur wledig a oedd yn symlach, yn burach ac yn lanach. Ac, wrth gwrs, pa well ffigwr na bugail o fardd i'n harwain ni'n ôl yn ein dychymyg i Arcadia, i'r Eden wledig honno a fodolai cyn dyfod o'r oes ddiwydiannol ddreng a lladdfa'r Somme a Passchendaele?

[*Nodyn:* O dan nawdd Anrhydeddus Gymdeithas y Cymmrodorion y traddodwyd y ddarlith hon ym Mhenbedw a chadeiriwyd y sesiwn gan Lywydd y Gymdeithas, Yr Athro Prys Morgan. Bydd fersiwn helaethach o'r gwaith, gyda chyfeiriadau llawn, yn ymddangos maes o law yn Nhrafodion y Gymdeithas. Cyfeirir uchod at ffotograff o seremoni ddadorchuddio cofeb ryfel Trawsfynydd ym 1921; fe'i hatgynhyrchwyd yng nghyfrol Robin Gwyndaf, *Cofio Hedd Wyn* (2017), t. 235. Mae'r ffotograffau perthnasol o ddadorchuddio cofeb Hedd Wyn i'w cael yn Alan Llwyd, *Gwae fi fy Myw: Cofiant Hedd Wyn* (1991), t. 302. Gellir gweld cerdyn post Kelt Edwards 'Hiraeth Cymru am Hedd Wyn' yn https://amgueddfa.cymru/rhyfel-byd-cyntaf/?id=4706. Mae atgynhyrchiad o'r ail bortread o Hedd Wyn a wnaeth Edwards ar gyfer yr ail argraffiad o'r cerdyn nas cyhoeddwyd i'w weld yng nghyfrol Peter Lord, *Diwylliant Gweledol Cymru: Delweddu'r Genedl* (2004), t. 356. Ceir yno hefyd atgynhyrchiad o wynebddalen *Cerddi'r Bugail* (1918). Dylwn nodi fy nyled hefyd i waith arloesol bwysig Alan Llwyd ar Hedd Wyn.]

Peredur Lynch,
Prifysgol Bangor

1917 and the 'L.G.' Legacy[1]

C OME WITH ME on a journey to the village of Llwynhendy, near Llanelli, in the hot summer of 1976. I am visiting a friend in Station Road whose neighbours are two elderly spinsters, Ethel and Nel. They are very fond of recounting tales of their visits to various eisteddfodau, and one in particular caught my attention. They loved retelling the story of 'Cadair Ddu Birkenhead' – the Black Chair of Birkenhead – the chair won by the poet Hedd Wyn whose death on the field of battle meant that the chairing ceremony became a prime moment of national grieving. 'Lloyd George was there,' said Nel, 'but for once he didn't have much to say.'

It started a lifelong fascination with the story of Hedd Wyn, the farmer's son from Trawsfynydd, and indeed with David Lloyd George, whose political successes in my view far outweighed his evident personal failings.

So here we are in 2017 – thanks to Dr Ben Rees and his formidable team – marking the centenary of the National Eisteddfod of 1917 in Birkenhead – 'Penbedw' in Welsh, or rather bizarrely 'Pen-y-bircwy', according to the Archdruid Dyfed a century ago. And among those strutting his stuff on the national stage was none other than 'L.G.' (as David Lloyd George was widely known among his colleagues), attending his first National Eisteddfod as Prime Minister of the United Kingdom. He had been appointed in December 1916. Birkenhead turned out to be an event which tested his mettle,

---

1 A talk given at Birkenhead on 9 September 2017.

and it provided that rare thing, a national event in which he had to share the limelight.

In this case, he had to share that limelight with someone who wasn't there, someone who was no longer alive. Hedd Wyn, who chose the competition *nom-de-plume* 'Fleur-de-Lys', was the champion poet, Ellis Humphrey Evans, who had fallen in Belgium on the first day of the Third Battle of Ypres, better known as Passchendaele, six weeks earlier. The empty chair was draped in a black sheet on the eisteddfod stage. By an ironic twist of fate, that chair had been hand-crafted by Eugeen Vanfleteren, a carpenter born in Belgium, who had fled to England on the outbreak of war and had settled in Birkenhead.

Farm work had been classed as a reserved occupation due its national importance, but in 1916 the Evans family of Trawsfynydd had nonetheless been required to send one of their sons to join the Army. The 29 year old Ellis enlisted rather than his younger brother Robert. It's important to say a word here about conscription – because Lloyd George had a decisive say in its introduction – and it lay at the root of much of the bitterness and resentment towards him from within the Welsh Nonconformist camp, which became deeply divided on the question of the war.

Over 3 million men volunteered to serve in the British Armed Forces during the first two years of the war. Over 750,000 had enlisted by the end of September, 1914. Thereafter the average ran at 125,000 men a month until the summer of 1915 when numbers joining up began to slow down. The British had suffered high casualties at the Marne (12,733), Ypres (75,000), Gallipoli (205,000), Artois (50,000) and Loos (50,000). The British Army found it increasingly difficult to replace these men. In May 1915, 135,000 men volunteered, but for August the figure was 95,000, and for September 71,000.

So the numbers were falling rapidly.

The Prime Minister, Herbert Asquith, appointed a Cabinet Committee to consider the recruitment problem. Testifying before the Committee, Lloyd George commented: 'I would say that every man and woman was bound to render the services to the State that they could best render. I do not believe you will go through this war without doing it in the end; in fact, I am perfectly certain that you will have to come to it.'

The shortage of recruits became so bad that King George V was asked to make an appeal: 'At this grave moment in the struggle between my people and a highly-organized enemy, who has transgressed the laws of nations and changed the ordinance that binds civilized Europe together, I appeal to you. I rejoice in my Empire's effort, and I feel pride in the voluntary response from my subjects all over the world who have sacrificed home, fortune, and life itself, in order that another may not inherit the free Empire which their ancestors and mine have built. I ask you to make good these sacrifices. The end is not in sight. More men and yet more are wanted to keep my armies in the field, and through them to secure victory and enduring peace ... I ask you, men of all classes, to come forward voluntarily, and take your share in the fight.'

The pressure was building. The press was equally supportive, especially the *Daily Mail*. Lord Northcliffe now began to advocate conscription or compulsory enrollment. But most members of the Liberal Party and Labour Party were opposed to the idea on moral grounds. And even some military leaders objected because they had such a 'low opinion of reluctant warriors', according to one report.

C. P. Scott, editor of the *Manchester Guardian*, said: 'I do feel very strongly that compulsion is now being forced upon us without proof shown of its necessity, and I resent this the more deeply because it seems to me in the nature of a breach of faith with those who, like myself – there are plenty of them – were prepared to make great sacrifices of feeling and conviction in order to maintain the national unity and secure every condition needed for winning the war.'

Margaret Bondfield – the British Labour politician, trade unionist and women's rights activist – was opposed to the idea as she thought it would influence the military tactics. She said:

One of the great scandals of the First World War was the attitude of mind (an old one coming down from the eighteenth and nineteenth centuries) which regarded human life as the cheapest thing to expend. The whole war was fought on the principle of using up man-power. Tanks and similar mechanical help were received with hesitation and repugnance by commanders, and were inadequately used. But man-power, the lives of men, were used with freedom.

The Independent Labour Party added:

The armed forces of the nation have been multiplied at least five-fold since the war began, and recruits are still being enrolled well over 2,000,000 of its breadwinners to the new armies, and Lord Kitchener and Mr. Asquith have both repeatedly assured the public that the response to the appeal for recruits have been highly gratifying and has exceeded all expectations. What the conscriptionists want, however, is not recruits, but a system of conscription that will bring the whole male working-class population under the military control of the ruling classes.

Asquith did not oppose compulsory conscription on principle, though he was certainly not drawn to it temperamentally and had intellectual doubts about its necessity.

Which brings us to Lloyd George. He had originally had doubts about the measure but by 1915 he was convinced that the voluntary system of recruitment had served its turn and must give way to compulsion. Asquith said he believed that 'Lloyd George is out to break the government on conscription if he can'.

Indeed, Lloyd George threatened to resign if Asquith did not introduce compulsory conscription. Eventually the prime minister gave in – and the Military Service Bill was introduced on 21 January 1916. John Simon the Home Secretary, resigned, as did Arthur Henderson for Labour. *The Daily News* argued that Lloyd George was engineering the conscription crisis 'in order to substitute himself for Asquith as leader of the country'.

The Military Service Act specified that single men between the ages of 18 and 41 were liable to be called up for military service unless they were widowed with children or ministers of religion. Conscription started on 2 March 1916. The act was extended to married men on 25 May 1916. The law went through several changes before the end of the war with the age limit eventually being raised to 51.

Lloyd George's role in this was vital. In a speech in Conwy he denied that he was involved in any plot against Asquith:

I have worked with him for ten years. I have served under him for eight years. If we had not worked harmoniously – and we have – let me tell you here at once that it would have been my fault and not his. I have never worked with anyone who could be more considerate ... But we have had our differences. Good heavens, of what use would I have been if I had not differed from him? Freedom of speech is essential everywhere, but there is one place where it is vital, and that is in the Council Chamber of the nation. The councillor who professes to agree with everything that falls from the leader betrays him.

Lloyd George then went on to suggest that Asquith had reluctantly supported conscription, whereas to him, it was vitally important if Britain was going to win the war. He said:

> You must organise effort when a nation is in peril. You cannot run a war as you would run a Sunday school treat, where one man voluntarily brings the buns, another supplies the tea, one brings the kettle, one looks after the boiling, another takes round the tea-cups, some contribute in cash, and a good many lounge about and just make the best of what is going on. You cannot run a war like that. He said he was in favour of compulsory enlistment, in the same way as he was 'for compulsory taxes or for compulsory education'.

What effect did that have? The poet Robert Graves was home on leave from the Western Front and was in the the audience. He said:

> The power of his rhetoric amazed me. The substance of the speech might be commonplace, idle, and false, but I had to fight hard against abandoning myself with the rest of his audience. He sucked power from his listeners and spurted it back at them. Afterwards, my father introduced me to Lloyd George, and when I looked closely at his eyes they seemed like those of a sleep walker.

The historian A. J. P. Taylor argued that Lord Northcliffe and Lloyd George reflected the mood of the British people in 1916:

Popular feeling wanted some dramatic action. The agitation crystallized around the demand for compulsory military service. This was a political gesture, not a response to practical need. The army had more men than it could equip, and voluntary recruitment would more than fill the gap, at any rate until the end of 1916. Instead of unearthing 650,000 slackers, compulsion produced 748,587 new claims to exemption, most of them valid. In the first six months of conscription the average monthly enlistment was not much above 40,000 – less than half the rate under the voluntary system.

So that was the background to Hedd Wyn's fatal journey to Ypres and Passchendaele. Lloyd George, more than any other politician, had engineered the move to conscription which roped in Hedd Wyn and many thousands of others. And that laid the foundation of the bitter accusations of hypocrisy and double standards which would eventually come.

In February 1917, Hedd Wyn received his training at Litherland Camp, here in Liverpool, but in March 1917 the government called for farm workers to help with ploughing and many soldiers were temporarily released. Hedd Wyn was given seven weeks' leave. He spent most of this leave working on the poem 'Yr Arwr'. After that he joined his regiment.

On a wet Tuesday morning, 31 July 1917, the troops of the 38th (Welsh) Division went over the top and into the mud. The attack on Pilckem Ridge in Belgium was the opening drive in the Third Battle of Ypres. The objective was to attack from the city of Ypres and move east to cut the German railway resupply lines, beyond a village called Passchendaele.

From the Canal Bank, men of the 15th Battalion, Royal Welsh Fusiliers, advanced into enemy fire and up the ridge itself. Simon Jones saw Hedd Wyn, crossing the ridge, and take 'a nose-cap shell in his stomach'. Stretcher bearers carried him back to an aid post where he died later that morning.

So let's move to the National Eisteddfod here at Birkenhead in early September 1917. The man responsible for leading the war effort, Prime Minister David Lloyd George, was sitting in the crowd for the chairing ceremony. He was by now prime minister, having succeeded Asquith in December 1916. He was now leading the war effort. And he was already idolised by the mass of Welsh people.

The Cambrian News and Merionethshire Standard said:

> In dead silence, it was announced that the successful poet was 'Hedd Wyn' – the shepherd-poet from Trawsfynydd – lay in a quiet grave ... No words can adequately describe the wave of emotion that swept over the vast audience when the chair was draped with the symbols of mourning, and when Madame Laura Evans Williams was called on to sing the chairing song, there was hardly a dry eye in the place.

So what we have is what we call today a perfect storm. All things coming together in one place. The horror of war, brought right into the precincts of the national eisteddfod, with the political class on the national stage, and a single death representing loss of life and tragedy on a much bigger scale. Everything came together to produce a cauldron of sadness, resentment, anger and, yes, patriotism in the eyes of some, jingoism in the eyes of others.

Let's not forget that on that day, L.G. had already delivered one of his set-piece speeches to an adoring crowd of people. He had spoken of the decisive part that 'little nations' were still playing in the world's history. It was one of his favourite themes: 'Great nations are necessary for protection, for security, for strength; the smaller nations for concentrated and intensive

Gwahoddedigion y 'Gadair Ddu'

Ffotograffwyr: Ray Farley a Dr J G Williams

Sarah Marian (Dirprwy Bennaeth yr Ysgol), y Trefnydd a Frank Field, Aelod Seneddol Birkenhead yn dotio ar y Gadair

Yr Athro Peredur Lynch

Dr Huw Edwards a Dr Siôn Aled Owen

Yr Athro Emeritws Dr Prys Morgan, Abertawe a Llywydd Anrhydeddus Cymdeithas y Cymmrodorion

Aelodau o Gymdeithas Hedd Wyn Fflandrys

Seremoni Cadeirio'r Bardd

Martin Huws, Ffynnon Taf, ger Caerdydd

Y Bardd ar ei draed

Arweinydd y Llwyfan: Roderick Owen

Y Betheliaid (Margaret Anwyl Williams, Anne M Jones, Rhiannon Liddell ac R Ifor Griffith) yn canu Cân y Cadeirio o waith Cynan. Cyfeiliwyd gan y Parch. Robert Parry.

Cadeirio'r Bardd

Norma Owen a Iola Edwards yn arwain y bardd i'r llwyfan

Cefnogwyr Gŵyl Hedd Wyn ym Mhenbedw

Y dyrfa fawr ar bnawn Sadwrn

Prifathro newydd Ysgol Wirral Hospitals' School a fu yn helpu o fore hyd hwyr

Y brawd Alun yn chwerthin yn braf yn yr ŵyl

Egwyl am baned a sgwrs

Llawenydd o weld ac o glywed y doniau

Huw a'i Ffrindiau

Cyflwynyd Dr Huw gyda graen gan Dafydd Ll Rees. Bu'r Gorfforaeth Ddarlledu Brydeinig yn hynod o ffodus i'w gael fel y buom ninnau Gymdeithas Etifeddiaeth Cymry Glannau Mersi.

Robin Gwyndaf a'i briod Eleri a gefnogodd yr ŵyl hyd y diwedd

Dafydd Ll Rees a gyflwynodd y darlithydd Dr Huw Edwards

Y ddau ffrind

Yr Athro Robert Lee yn rhoi ei gyfrol ar y Parc i ofal Huw

Cyflwyniad cofiadwy am David Lloyd George

Staff a phlant yr Ysgol a fu yn gweini arnom

Y Trefnwyr o'r Gymdeithas Etifeddiaeth

Beryl Williams (inset), Dr Pat Williams, Dr A Thomas, Nan Hughes Parry, Dr D Ben Rees, Dr Huw Edwards, Elin Boyd, Brian Thomas a Rachel Gooding

Pobl y Cyfryngau

Mwynhau y brechdanau

R Lee, Dafydd Ll Rees, Cyrnol Jonathon Riley, Dr Christine James, Dr Huw Edwards, Dr D Ben Rees a Syr Deian Hopkin.

Teisen y Ddraig, cynnyrch plant yr Ysgol

Dylan Cernyw a Chôr Rygbi Gogledd Cymru

Sarah Marian, Dr Arthur Thomas a
Rachel Gooding

Yr Archdderwydd a'r Trefnydd

Cymdeithas Hedd Wyn, Fflandrys
a Chymdeithas Etifeddiaeth Cymry
Glannau Mersi

Ann Thomas, Meinwen Rees a
Dafydd Rees

Mair Rees Jones o Benbedw

Alice Jones o Heswall

Aled Lewis Evans a'i ffrind o Fflandrys

Dafydd Wrennal o Landdoged

Margaret Roberts o Ynys Môn

Dr Lawrence Holden o Benbedw

Nest Jenkins, Lledrod

effort,' like the smallholder as compared with the large farmer. The Prime Minister reminded his Welsh audience of the past work of little nations:

> Why, the greatest literature of England was produced when
> its population was not greater than that of Serbia, and when it
> was considerably less than that of Belgium. Some of the most
> enduring masterpieces of the world came from a State whose
> area and population were less than those of an average English
> county.

This was L.G. bending over backwards several times to square his plucky little nation theme with his grand global empire nation theme. He made a convincing case for many people. He made Wales and Welshness a credible and respected part of the British establishment, and for that many were deeply grateful.

The fact is that L.G. had travelled a long way from the end of the previous century, when he led the Cymru Fydd movement fighting for home rule for Wales, and when he'd taken a stand against the British war in South Africa, and stood up for the rights of small nations. What he now tried to do was combine his undoubted love of Wales with his undoubted respect and admiration for the concept of Great Britain as a leading world power, with him as the nation's figurehead. By nation, I mean his definition of the nation of Great Britain and Northern Ireland.

There's an even better account of his visit and speech in the press:

> The Premier appeared on the platform with Mrs. Lloyd
> George on his arm, and accompanied by his daughter Megan,
> and preceded by the Mayor and Mayoress of Birkenhead,
> Lord Leverhulme, Sir Henry Jones, and several members of

Parliament. A scene of great enthusiasm followed, the whole audience standing and cheering vociferously. The Premier rose to speak immediately after the cheering subsided, and faced a crowd which absolutely packed and overflowed the pavilion, while the platform was packed with a mass of ladies and gentlemen. The moment Mr Lloyd George rose absolute silence fell on the great audience. The delivery of the speech, mainly in English but partly in Welsh, was marked by great impressiveness of style, and the speaker's voice, which has of late grown in mellowness and fullness, was heard in almost every part of the enclosure. The audience listened with the closest attention, punctuated the telling points with lusty cheers, and at the close the Premier sat down amid a perfect hurricane of acclamation.

Yes, it was hero worship. The Welsh loved him: he was that unique thing, a recognisably Welsh leader, a very able and impressive leader, on the world stage. But the view in Wales was by no means unanimous. There were many criticisms in the Welsh press – principally from those within the Nonconformist world – hammering Lloyd George for 'betraying' his principles and his roots.

His appearance in Birkenhead and his tears at the sight of Hedd Wyn's empty chair were described as plain hypocrisy. The admiring Welsh were described as foolish and naive, paying with their blood for his vanity and folly. He was accused of donning his humble Welsh clothing when it suited him, singing hymns and making great speeches, but of acting in a way that was a full-throttled betrayal of all of those things.

There is an interesting letter in one denominational newspaper. It alleges that the welcome L.G. received was far less enthusiastic than reports suggested, and that the Welsh people were sick of the war that an 'unprincipled' Lloyd George was prosecuting.

But is was — at that time — very much a minority view. He would become, after all, the man who won the war. And it would be very difficult to criticise him after that. It could be argued that he made it up in some way to the Nonconformist base because by 1921 the Church in Wales was disestablished, fulfilling the greatest political ambition of the entire Welsh Nonconformist world.

There were plenty of other social achievements, and it has often been argued — with reason — that his 'People's Budget' of 1909 was in the vanguard of social change and was a singular service to the working class.

No other Welsh politician has matched his achievements, or even come close. Yes, Aneurin Bevan achieved great things with the National Health Service, and Cledwyn Hughes and others fought a lifelong battle to secure a form of home rule for Wales. Rhodri Morgan put the fragile devolved settlement on a more secure footing. All these are great successes. But Lloyd George changed the face of British society and changed the constitutional framework at the heart of British governance.

A century after L.G.'s controversial and divisive appearance here at Birkenhead, on the day we remember the sacrifice of Hedd Wyn and his generation, it's also our duty to consider David Lloyd George in a much wider context. And on that, history might one day be much kinder and more generous to him than it has been so far.

Huw Edwards

Cystadleuaeth y Gadair: cerdd neu gyfres o gerddi ar y testun 'Hedd Wyn'

Beirniaid: Robin Gwyndaf a Siôn Aled Owen

HYFRYDWCH A BRAINT arbennig iawn i'r Dr Siôn Aled Owen a minnau oedd cael beirniadu Cystadleuaeth y Gadair yng Ngŵyl Hedd Wyn. Ar ran y ddau ohonom: diolch o galon.

A diolch i'r holl wirfoddolwyr sydd wedi gweithio mor galed i sicrhau bod yr ŵyl hon yn ŵyl mor ardderchog, ac rwy'n siŵr y caf i ar ran pawb ohonoch ddiolch yn arbennig i un person – un o gymwynaswyr mawr Glannau Merswy a Chymru: y Parchg. Ddr D. Ben Rees.

'Hedd Wyn', fel y cofiwch chi, oedd testun y Gadair. Fe fentrodd naw i'r gystadleuaeth: pump o gerddi, neu gyfres o gerddi, yn y mesur rhydd, a phedair cerdd yn y mesur caeth, ar gynghanedd, tair awdl ac un cywydd. A'r peth cyntaf y mae'r ddau ohonom eisiau ei ddweud yw: canmil diolch i bob un o'r cystadleuwyr am gystadlu.

Chwilio roedden ni am gerdd, neu gyfres o gerddi, fyddai'n rhoi inni, mewn llai na chant o linellau, ddarlun byw, diffuant o'r bardd. Darlun nid yn unig o'r Hedd Wyn a ddaeth mor enwog, ond darlun hefyd o Ellis Humphrey Evans, Yr Ysgwrn, y mab fferm cyffredin, ond anghyffredin o alluog. Roedden ni eisiau'i weld o'n berson byw o flaen ein llygaid. Roedden ni eisiau teimlo'r galar yn ein calon pan fu farw mor drist ar faes y gad. A choeliwch fi, camp fawr iawn i unrhyw un oedd cyfleu hynny. Haws dweud na gwneud.

Simwnt Fychan ddywedodd, mor bell yn ôl ag oddeutu 1570 yn y gyfrol *Pum Llyfr Cerddwriaeth*: 'Ni wnaed cerdd ond er melyster i'r glust, ac o'r glust i'r galon.' Rydym ni hefyd yn cofio geiriau Dic Jones:

Mae alaw pan ddistawo
Yn mynnu canu'n y co'.

Chwilio roedden ninnau yn y gystadleuaeth hon, felly, am y geiriau hynny, wedi ichi eu darllen nhw, oedd fel petaen nhw'n ddiarwybod yn codi oddi ar y papur, yn canu yn eich clustiau chi, a chwithau wedyn yn eu teimlo nhw'n wefr, yn cyffwrdd eich calon.

A dyma bedwar awgrym caredig y carwn i ei gynnig i'r cystadleuwyr eleni – ac awgrymiadau ydi'r rhain sydd yr un mor bwysig i bawb ohonom sy'n ymhél â cherdd dafod:

1. Myfyrio'n hir ar farddoniaeth y meistri.
2. Darllen y cerddi yn uchel a gwrando ar ruthmau a sigl a swae y geiriau a'r llinellau.
3. Ystyried ydi'r dweud, ydi'r neges, yn gryno ac yn glir, ac mewn iaith sydd, o ran gramadeg mor gywir â phosibl.
4. Er pwysiced pob ysbrydoliaeth, cofio bod pob bardd yn y bôn hefyd yn grefftwr. Fel y mae'r saer maen sy'n codi wal yn dewis yr union garreg ac yn ei gosod yn yr union le, felly mae'r saer geiriau yn dewis yr union air ac yn ceisio'i osod yn yr union fan yn y gerdd.

★ ★ ★

Rwyf wedi nodi ambell awgrym ar y cyfansoddiadau o eiddo pob cystadleuydd. Ond dyma rai sylwadau cyffredinol.

Gorwel Glân, **Anne Cook**, **GRW**, **Brawd o Gwm Prysor**, ac **Ymwelydd**. Fe garem i'r ymgeiswyr hyn roi mwy eto o sylw i gywirdeb iaith ac yn arbennig i'r mynegiant, fel bod yr ystyr yn gliriach ac yn gofiadwy. Ond yr ydym yn annog pob un o'r beirdd i ddal ati. O ran cynnwys y mae yn y cerddi themâu gwerthfawr a diddorol, ac y mae ymhob un ohonyn nhw rai llinellau rhagorol.

Dyma, er enghraifft, eiriau o gerddi Anne Cooke wrth iddi ddisgrifio'r gyflafan fawr ar Esgair Pilkem ym Mrwydr Passchendaele: 'Llifai yn araf y Môr Coch gwaedlyd ar y tir erchyll ...' Meddai'r ymgeisydd o'r enw 'Ymwelydd' yntau yn ei gywydd 'Ysgwrn ein Cynhysgaeth', gan gofio ei bod yn fis Gorffennaf:

> Amau a oes yma haf
> O gwbwl dan gwmwl gwaed.

Trem y Foel

Cyfres o ddeg o gerddi rhydd, lled grefyddol eu naws, sydd gan y bardd hwn, gyda phwyslais arbennig ar heddwch a chyfiawnder, yn hytrach na chyflwyno darlun uniongyrchol o Hedd Wyn. Mae angen rhoi sylw pellach i fireinio rhai o'r cerddi, ond mi ddaru ni hoffi'n arbennig gynildeb y gerdd fer, pedair llinell, 'Gobaith Chwaer':

> Weli di'r sêr, Ellis?
> Wyt ti'n cofio'u cyfrinach,
> ein cyfrinach ni a nhw?

Mae o leiaf dair o'r cerddi ar ffurf emynau, a byddai'n dda eu cyhoeddi. Dyma'r gerdd 'I Filwr Ifanc':

Maddau, Arglwydd, ein bod eto'n
hoelio'r annwyl ar y groes,
gyrru'r mad i grafanc angau
i fodloni balchder oes.
Dysg in boeni
am ad-daliad mynnu grym.

Maddau, Arglwydd, i bob Peilat
oedd mor llwfr, heb weld y gwir,
am ddiniwed lanciau difai
a warchodai estron dir.
Golch ein dwylo
ninnau o'u cywilydd du.

A dyma bennill cyntaf y gerdd, 'Ninnau'n Cofio', pennill, os
ca' i awgrymu, sy'n berthnasol iawn i Ŵyl Hedd Wyn yma ym
Mhenbedw:

Dduw'r trugaredd, dyro'th fendith
ar ein cofio ninnau'n awr;
atal rhyfel a'i erchylltra
rhag difrodi'th gariad mawr.
Boed ein dagrau
am greulondeb brawd at frawd.

Dyma ninnau'n awr yn dod at dair cerdd orau'r
gystadleuaeth.

Ednowain

Awdl sydd gan Ednowain. Er bod yn y gerdd hon rai llinellau
gwannach na'i gilydd, mae'r awdur wedi llwyddo i roi inni mewn
cynghanedd bortread byw, cynnes a chofiadwy o Hedd Wyn.

Yn yr englynion agoriadol mae Ellis Evans yn mwynhau
bywyd yn ei gartref ac yng nghwmni'i gymdogion:

Bywyd braf yn haf o hyd: – ei ysgol
    A'i Ysgwrn yn wynfyd,
    A'i hen fro yn llenwi'i fryd,
    Yn addurn i'w gelfyddyd.

Ond daeth tro ar fyd, a gweinidogion ac ymgyrchwyr eraill yn
casglu bechgyn ifanc i faes y gad, gan bregethu:

Cofiwch mai rhyfel cyfiawn
Yn y Gair yw'r hyn a gawn.

Yntau'n gorfod gadael tir ei gartref:

O'i allt, i faes o falltod,
Yno i fan na ddylai fod.

A phan ddaeth awr ei gadeirio yn Eisteddfod Penbedw, ni

... welodd ddydd gorfoledd
Awr ei glod, ond gwaed ar gledd.

Yn rhan olaf y gerdd mae Ednowain yn talu teyrnged deilwng
i'r teulu – a Gerald yn arbennig – am gadw drws Yr Ysgwrn ar
agor. Mae'n llawenhau hefyd fod Yr Ysgwrn bellach yn eiddo
i Gymru gyfan, a'r byd, ac yn dwyn i gof nid yn unig y golled
fawr ar ôl Hedd Wyn, ond hefyd aberth yr holl fechgyn ifanc a
fu farw yn y rhyfel. Ac fel hyn mae'r gerdd yn cloi:

Eu hawr hwy fydd yn parhau,
A'u mawredd rhwng y muriau.

Y Plu

Bydd rhai ohonoch yn gwybod mai dyma oedd y ffugenw roedd Hedd Wyn wedi'i ddewis gyntaf ar gyfer ei awdl 'Yr Arwr', nid '*Fleur-de-lis*'. Awdl hefyd sydd gan yr awdur yn y gystadleuaeth hon. Bydd angen cywiro rhai gwallau iaith ynddi a gwella'r mynegiant mewn rhai rhannau. Ond y mae camp arbennig ar y gerdd ac yn arbennig yn nifer o'i henglynion milwr, tair llinell. Angerdd teimlad wedi'i fynegi'n gynnil a chofiadwy. Gan **Y Plu** y cafwyd, o bosib, un o linellau mwyaf ardderchog y gystadleuaeth, sef 'Poen y byd yw Penbedw'.

Fel hyn mae'n disgrifio awen mab talentog Yr Ysgwrn:

Awen a'i chreu'n angeuol,
Awen un na ddaw yn ôl.

A dyma nawr rai dyfyniadau pellach o awdl **Y Plu**, gan ganolbwyntio ar wallgofrwydd yr ymladd a'r dioddefaint mawr:

Awn dros y top dan gropian
I anobaith y chwiban,
A byddwn farw'n y fan.

Yn nhir neb yn hwyr y nos
Hawdd i angau ymddangos;
Ofer yw ffoi o faw'r ffos.

Erys bedd yn Fflandrys bell
Mewn cwmwl mae'n ein cymell;
Awn i weld ein colled ni,
Arwr a'i fedd yw'r stori.

Awn i Yipr yr ymgiprys,
A chael ein meddyliau'n chwys;
Sŵn rhyfel sy'n yr helynt,
A sŵn y gwn sy'n y gwynt.

Awr Sero

Cyfres o wyth o gerddi rhydd ar ffurf sgwrs rhwng Hedd Wyn a'i gariad. Chawn ni ddim gwybod ei henw, ond mae'n fwy na thebyg mai Jennie Owen, Llan Ffestiniog, oedd ym meddwl y bardd, y ferch y bu Hedd Wyn yn anfon cerddi ati hyd y diwedd ulw.

Mae'r cerddi hyn yn rhoi inni bortread byw, tyner, o fab Yr Ysgwrn drwy ei eiriau a'i deimladau ef ei hun a geiriau a theimladau ei gariad. Mae cynildeb a diffuantrwydd y mynegiant, yr arddull sgyrsiol naturiol mewn iaith-bob-dydd, a'r dewis gofalus o ddelweddau, yn rhoi gwerth neilltuol i'r darlun. Yn arbennig wrth wrando ar y cerddi yn cael eu llefaru, ryden ninnau fel pe baem yng nghwmni'r llanc o filwr, wedi croesi draw i Ffrainc, yn cyd-rannu'i obeithion a'i ofnau. A rhannu hefyd deimladau calon ei gariadferch. Dyma nawr ddyfynnu ychydig linellau:

Ei gariad: Bob nos cyn mynd i gysgu
mi welaf di yn y bore bach
yn cerdded i mewn i hyrddwynt yr hydref
i gyfeiriad y gorwel.

Y milwr: O'r diwedd, cyrraedd y llinell flaen:
sieliau'n clecian fel trenau cyflym,
yn plymio i bob man,
pistylloedd o bridd yn tasgu
gyfuwch â thai.

Yng nghanol y gwallgofrwydd du
mae gronynnau o aur,
cydfilwr yn estyn llaw.

A dyma'r diwedd wedi dod â'r bardd o filwr yn ei fedd. Mae ei gariad, hithau, yn ymweld â'r Ysgwrn:

Eisteddaf i a dy fam mewn cegin oer,
y llonyddwch fel saib cyn cyrch tân-belennau.

Y parsel yn cyrraedd.
Ai hwn yw'r cyfan sy ar ôl?
Ein teimladau ar wasgar, petheuach ar fwrdd.

Lapiwyd y pecyn yn daclus
am ddau grys, raser, pâr o drowsus,
sbaner bach, cyllell boced,
cudyn o wallt, waled.

Rydw i fel hogan bach
yn stwna efo'i bwyd.

Mi wnawn i unrhyw beth
i dy glywed di'n sisial geiriau serch,
i dy ddal di'n gyfan.

*   *   *

A dyna ni, diolch am wrando. Ar ran Siôn Aled a minnau
rydw i wedi manylu ar dair o'r cerddi gorau: y ddwy awdl gan
Ednowain a'r **Plu**, a'r gyfres o gerddi gan **Awr Sero**. Ond
y cwestiwn yr ydych chi i gyd eisiau ateb iddo ydi: oes yna
unrhyw un o'r cyfansoddiadau hyn yn deilwng o'r Gadair? Wel,
llawenydd mawr i ni ydi cael datgan bod cerddi y tri awdur yn
wir deilwng o'r Gadair. Ond pwy sy'n ennill? Mae gwaith y tri
yn agos iawn at ei gilydd ac yn haeddu pob clod.

Yn drydydd: **Ednowain**

Yn ail agos: **Y Plu**

Ond yn gyntaf, am y cyfanwaith gorau a'r portread byw,
diffuant a naturiol o fab Yr Ysgwrn, rydym yn falch o gael
cyhoeddi mai enillydd Cadair Gŵyl Hedd Wyn yn nwy fil un
deg saith ydi **Awr Sero**.

Robin Gwyndaf
5.ix.2017

Cerdd Fuddugol y Gadair, gan Martin Huws

Hedd Wyn

Y milwr

Cyfarchion o Ffrainc, f'anwylyd,
hon yn wahanol i Gymru,
rhesi o goed helyg
fel milwyr yn gwarchod y ffordd fawr.

Yn wledd i'r llygaid:
gwefusau rhosynnau'n wridog,
yn wên i gyd.

Ond weithiau cryna dail y coed
dan effaith twymyn rhyfel
ac ar derfyn dydd,
pan geisiaf fynd i gysgu,
taena llen denau
o liw gwaed ar draws y gorwel.

Ei gariad

Bob nos cyn mynd i gysgu
mi welaf di yn y bore bach
yn cerdded i mewn i hyrddwynt yr hydref
i gyfeiriad y gorwel.

Bob hyn a hyn yn y pentref
cwyd fy nghalon
fel colomen o'r ddaear:
cipolwg ar gysgod, pen yn troi,
llais fel hen win.

Hon yn gêm greulon.

Bob nos fe welaf di, y breuddwydiwr,
yn cerdded yn dalog heibio'r perthi
i derfynau'r plwyf.

Y milwr

Yn y nos esgynnant a disgyn
fel saethau brwydr Crecy
i darfu ar fagddu tir neb.

Wrth i fwâu y goleuadau ddiffodd,
trwch o dywyllwch sy'n ein dallu.

Y saethau'n iasoer yn bwrw golau
ar siapiau erchyll ein tirlun,
bonion coed llosgedig,
fel nad wyf mwyach yn y byd hwn.

Yn gefnlen i'r cyfan,
fflamau pentrefi ar dân,
Goleuni'r Gogledd ar gam.

Ei gariad

Fy milwr di-lun, cadwa dy hun
yn ddiogel. Dolur traed y ffosydd
yw'r perygl mwyaf.

Ofnaf yr ei di i drafferth:
tawedog oeddet ar lan afon Prysor,
yn barddoni yn dy ben.

Os bydd dy feddwl fel dy bapurau ar hyd y lle,
gofala na chei di gerydd llym.
Mi wn ac mi wyddost ti
na anwyd mohonot ar gyfer hyn.

Y milwr

Nid wyf wedi derbyn gair ers cyhyd.
Oes rhywbeth rhyfedd wedi digwydd?

Am ddiwrnodau mi fartsion ni,
ein cotiau mawr mor drwm â phlwm,
y cenllysg, y gwynt a'r glaw'n ddigon oer i rewi brain.

O'r diwedd, cyrraedd y llinell flaen:
sieliau'n clecian fel trenau cyflym,
yn plymio i bob man,
pistylloedd o bridd yn tasgu
gyfuwch â thai.

Yng nghanol y gwallgofrwydd du
mae gronynnau o aur,
cydfilwr yn estyn llaw.

Ei gariad

Roedd angen i ti fod yn filwr
ond pan ddei di'n ôl,
bydd angen i ti fod yn ddyn.

Er bod dy ddwylo fel rhai pianydd,
maen nhw am dy droi'n beiriant dyrnu.

Dy ddwylo flingodd gwningod,
dynhaodd y lifrai brown bras,
glymodd gareiau'r esgidiau mawr gwydn.

Dy ddwylo gyffyrddodd â'm corff.
Cofia ei sawr, ein bod ni'r eiliadau hynny
yn fyw gyda'n gilydd.

Y milwr

Braf yw clywed bod y coed yn eu blodau,
yr ŵyn yn y caeau,
bod y gwanwyn yn deffro ar ôl trwmgwsg hir.

Mi wnawn i unrhyw beth
i glywed pridd newydd ar fore o wanwyn.

Rydan ni wedi ein damnio,
yn rhofio mwd am loches,
yn straffaglu drwy gors heb arweiniad.

Angor yw darllen dy lythyr
pan fo amheuon fel llygod mawr yn sgrialu o gwmpas fy nhraed.

Weithiau mi af yn sownd mewn canghennau,
y coed yn deilchion
fel dynion wedi colli'r cyfan.

Ei gariad

Eisteddaf i a dy fam mewn cegin oer,
y llonyddwch fel saib cyn cyrch tân-belennau.

Y parsel yn cyrraedd.
Ai hwn yw'r cyfan sy ar ôl?
Ein teimladau ar wasgar, petheuach ar fwrdd.

Lapiwyd y pecyn yn daclus
am ddau grys, raser, pâr o drowsus,
sbaner bach, cyllell boced,
cudyn o wallt, waled.

Rydw i fel hogan bach
yn stwna efo'i bwyd.

Mi wnawn i unrhyw beth
i dy glywed di'n sisial geiriau serch,
i dy ddal di'n gyfan.

Awr Sero

Beirniadaeth Coron
Hedd Wyn
gan y Panel Cymraeg

IOLCH YN FAWR iawn ar ran y Panel Cymraeg am gael y fraint o draddodi'r feirniadaeth heddiw. Testun llawenydd i ni oedd bod ugain o gerddi wedi cyrraedd y gystadleuaeth Gymraeg. Diolch arbennig i bawb a fu'n hyrwyddo'r gystadleuaeth hon mewn papur bro, ar y cyfryngau cymdeithasol ac ar wefan Yr Ysgwrn. Fe esgorodd hynny ar ugain cerdd yn ein cyrraedd, a hynny ar adeg prysur ddiwedd tymor yr ysgolion. Yn amlwg roedd y testun 'Arwr' wedi ysgogi ein pobl ifanc, a'r siawns o gael ennill Coron hanesyddol ysblennydd o waith Mr John Price yn ysgogiad allweddol. Diolch i'r bobl ifanc.

Derbyniwyd 20 o gerddi yn amrywio o ran hyd, cynnwys ac arddull, ond nid oedd dim un yn anobeithiol. Roedd pob ymgeisydd wedi gwneud gwaith ymchwil ar ei bwnc ac wedi mynegi ei feddyliau mewn modd clir a darllenadwy. Roedd cyflwyniad gweledol nifer ohonynt yn wledd i'r llygad hefyd. Gobeithio y daliant ati i farddoni, oherwydd mae gan bob un ddawn amlwg sydd angen ei chaboli a'i datblygu. Roedd 'na gyffyrddiadau sy'n aros yn y cof yng ngwaith yr ymgeiswyr.

I'n pwrpas ni yn y ddefod hon y prynhawn yma fe drafodir gwaith y rhai a ddaeth i'r brig – yn nhrefn yr wyddor.

Ac mae pedwar wedi cyrraedd y dosbarth cyntaf y tro hwn, er bod y ffugenw **Lloeren** hefyd yn agos iawn at y dosbarth cyntaf. Dyma air byr am y pedwar:

Carreg Wen

Cerdd gymen yn dangos aeddfedrwydd anghyffredin. Mae'r mynegiant yn gywrain gydag ambell dinc o gynghanedd. Ceir defnydd da o wrthgyferbyniad, ac mae dawn dreiddgar ac athronyddol yn y gwaith. Teimlem fod rhywbeth yn drawiadol iawn am y gerdd sy'n sôn am ymweliad â bedd Hedd Wyn:

Nid oes saeth na gwn na bloedd
yn atsain trwy Ypres
heddiw,
a'r gwynt
sy'n chwythu'n rhydd
o regi'r bechgyn.

Mudwn ninnau yn dwristiaid ffôl
i oedi,
i syllu,
a gwrido am ychydig
ar gywilydd ddoe.

Mae'r 'dweud' yn ddiymdrech a chryno ac fel hyn mae'r gerdd yn cloi:

Bardd y Gadair Ddu dan garreg wen
ond llais y llanc a dreiddia'r pren ...

Kevin Briggs

Mae'r gerdd yn portreadu arwr gwahanol, o'r un enw â'r ffugenw. Kevin Briggs, sef y sarjant hwnnw yn America a arbedodd gannoedd o bobl rhag neidio oddi ar Bont y Borth Aur yng Nghaliffornia. Methodd ddim ond ddwywaith i arbed bywyd.

Efallai y byddai'n well pe bai'r ymgeisydd wedi egluro o dan y teitl pwy oedd Kevin Briggs. Ond wedi dweud hynny, rhoddodd

bortread teilwng o'i arwr; mewn ymadroddion bachog, fel yr
'eilwynt hoff' sydd yn dwyn i gof *ventus secundus* y bardd Virgil.
Cerdd feistrolgar iawn.

> Ti
> Sy'n newid cwrs a gwedd;
> Y mae cannoedd i ti
> Yn ddyledus;
> Y rhai a fu yno, unwaith
> Ar y bont,
> Ac a fydd, byth mwy,
> Yn ddiolchgar.

Massey Fergusson

Cerdd eithriadol o sylwgar ac aeddfed gan fardd ieuengaf y
gystadleuaeth, dybiwn i. Ceir ynddi dair rhan – Yr Ysgwrn
ddoe, maes y gad a'r Ysgwrn heddiw. Mae elfennau byd natur
yn cydlawenhau a chyd-alaru â'r teulu (thema gyffredin yn yr
oesoedd canol). Fe welwn gynildeb treiddgar yn yr ymadrodd
'teulu nad yw'n deulu'. Roeddem fel panel wedi dotio at
batrwm ac adeiladwaith crefftus y gerdd hon, a oedd â chynllun
a bwriad pendant. Llwyddwyd hefyd i adleisio gwaith Hedd
Wyn heb i hynny fod yn gwanhau'r gerdd. Mae'n gorffen yn
fuddugoliaethus:

> Heddiw,
> mae drws yr Ysgwrn
> yn agored,
> y gadair ddu yn estyn ei chroeso distaw.
> Gwaddol y geiriau sy'n aros yn y tir,
> ymhob wal gerrig a phlygiad gwrych,
> ynghlwm yng ngwreiddiau'r dderwen gadarn,
> pob machlud a gwawrio ar foelydd Eryri,
> ac ym mwrlwm yr afon.

Cymdeithas yn fyw,
a Chymru yn cofio,
ac yn Nhrawsfynydd bydd eto hau a medi.

A'r olaf o'r pedwar y ffugenw:

Y Teithiwr

Roedd yn braf gweld dehongliad arall a chyflwyno arwres wahanol. Mae'r ymgeisydd yn dweud y stori am Rosa Parks yn gwrthod ildio ei sedd a mynegi'n glir ei hanesmwythyd fod y fath hiliaeth yn bod. Ond llwydda'r bardd i droi'r digwyddiad cywilyddus yn ysbrydoliaeth. Ceir ambell frawddeg fachog, fel yn y pennill hwn:

Â gwres llethol Alabama'n pwyso arnat,
    Nid teithiwr cyffredin mohonot,
Ond un a eisteddodd yn lle sefyll dros dy hawl.

Mae'r gerdd yn llawn gwrthgyferbyniadau trawiadol, a'i hangerdd yn gafael ynoch fel darllenydd.

Roedd y tri ohonom ar y panel: Pat Williams, Nan Hughes–Parry a minnau yn hollol gytûn ar y pedwar yn y dosbarth cyntaf, ac yn wir yn teimlo mai trwch blewyn oedd rhwng y pedwar. Buom yn trin a thrafod ar brynhawn dymunol yng Nghaer. Rydym yn cymeradwyo gwaith y pedwar ar y brig ac yn dyfarnu bod **Y Teithiwr** a **Kevin Briggs** yn gydradd drydydd, **Massey Ferguson** yn ail, ac mai bardd coronog Gŵyl Hedd Wyn Medi 2017 yw **Carreg Wen**.

Aled Lewis Evans

Yr Arwr

Pedwar ugain, chwech ar hugain, deunaw;
pob modfedd wedi'i fesur,
ddoe'r iau sy'n y ddaear hen,
ddoe'r hwyl a'r chwerthin llon
dan y meini mudan,
llafar.

Er synau lleisiau'r lle,
un maen sy'n mynnu seinio
i mi;
maen mud yn gân i gyd,
maen tawel hen awen,
yn treiddio i ailgynnau
hen gof.

Yn y gro
mor gaeth yw'r cawr,
a'r pridd
yn godro'r Cymreictod o'i wythiennau hen,
dwyn ei deimlad,
sugno swyn ei eiriau
a'u rhewi.

Nid oes saeth na gwn na bloedd
yn atsain trwy Ypres
heddiw.
A'r gwynt
sy'n chwythu'n rhydd
o regi'r bechgyn.

Awn ninnau ar drip
Yn dwristiaid ffôl
i oedi,
i gofio,
a gwrido am ychydig
ar gywilydd ddoe.

Wedyn, trown ninnau yn ôl
am adref.

Gadawn yr Hedd yn ei wely oer.

Yno,
yn llonyddwch Belg
mae mawredd llais ein llên.
Yno,
mewn dwy lathen,
mae ehangder ein hanes ni.

Bardd y Gadair Ddu dan garreg wen
ond llais y llanc a dreiddia'r pren ...

Nest Jenkins

Dyma Nest Jenkins o Ledrod, Ceredigion, a gipiodd y Goron.
Ei ffugenw oedd **Carreg Wen**. Bellach y mae yn efrydu ym
Mhrifysgol Caerdydd ar ôl cwblhau ei hastudiaethau yn Ysgol
Henry Richard, Tregaron.

Yr Arwr

Yn nyth y gegin roedd y teulu,
Alaw o blant mewn cegin fach.
Mynd a dod dros garreg yr aelwyd,
Coginio a smwddio i'r fam,
A ffermio a gwaith caled i'r tad.
Yr Ysgwrn yn groeso i gyd

Trin y tir o dymor i dymor –
Chwys a graen.
Sŵn chwerthin a
Thynnu coes y plant
Fel sŵn afon Prysor,
Yn canu yn y cwm.
Y lleuad borffor yn gwmni
Yn gwarchod yr ysguboriau llawn.
Yn Nhrawsfynydd roedd hau a medi.

Sŵn y gynnau sy'n lladd
Mae storm ar foelydd Eryri.
Diflannodd y lleuad,
A gadael teulu nad yw'n
Deulu yn fud.
Afon Prysor sy'n crio'n dawel
Yn oerni'r haf.
Ond rhywsut yn Nhrawsfynydd mae hau a medi.

Heddiw,
Mae drws yr Ysgwrn
Yn agored,
Y gadair ddu yn estyn ei chroeso distaw.
Gwaddol y geiriau sy'n aros yn y tir,
Ymhob wal gerrig a phlygiad gwrych,

Ynghlwm yng ngwreiddiau'r dderwen gadarn,
Pob machlud a gwawrio ar foelydd Eryri,
Ac ym mwrlwm yr afon.

Cymdeithas yn fyw,
A Chymru yn cofio.
Ac yn Nhrawsfynydd bydd eto hau a medi.

Macsen Parri

Mae Macsen yn ddisgybl yn Ysgol Bro Tegid, y Bala. Ei ffugenw
oedd **Massey Ferguson**.

Yr Arwr

Cefais dy eni'n estron imi,
Yn ddim ond un o'r rheini yng nghefn y bws
A lliw ein gruddiau'n sedd wag rhyngom.

Ti a'th dylwyth yn anweledig imi –
Baw isa'r domen, gwehilion cymdeithas.
A minnau'n methu'n lân â deall
Pam dy fod mor wahanol i mi,
Pam nad oeddet ti gystal â mi.

Ond daliaist dy dir drwy wrthod ildio dy sedd
A buan y doist ti wedyn i eistedd wrth f'ymyl.
Ac er mor dynn oedd cadwynau fy rhagfarnau
Treiddiodd y goleuni trwyddynt
A gwelais gyfoeth dy wahaniaeth
A harddwch dy amrywiaeth.

A gwres llethol Alabama'n pwyso arnat,
Nid teithiwr cyffredin mohonot,
Ond un a eisteddodd yn lle sefyll dros dy hawl.

Wrth deithio am adref heddiw
Ti'n dal i wrthod ildio dy sedd yn fy nghof,
Pan glywaf deithiwr arall yn rhegi dy hil,
Yn poeri ar liw dy blant

A thithau'n fy ysbrydoli
I wneud be wnaethost ti,
Rosa, ydi'n bryd i minnau fod yn arwr, fel ti?

Lois Medi Wiliam

Dyma gerdd o eiddo Lois Medi Wiliam, Bangor. Ei ffugenw yn y gystadleuaeth oedd **Teithiwr**.

Yr Arwr

Rhwng y ffordd a'r llif,
Mae gwagle
Sy'n sugno poen a'r galar yn ddim.
Ond yna,
Pan ddaw'r terfyn
Trosglwyddir y cur i gyfoedion;
Ond ti
Yw'r porth rhwng dim a dal ati.

Yr harddwch cu
Dan haen o niwl,
A gwawr prydferthwch yn ddim ond baich.
Yn y byd rhwng y tyrau
Gwelir pen i'r daith;
Ond ti
Yw'r eilwynt hoff
I lenwi'r hwyliau neu droi tudalen.

Y sgwrs sy'n ddwys,
Dyngedfennol;
Yn artaith feddyliol.
Ond eto,
Gwell poendod na gwactod.

Rhywsut,
Rhwng y cannoedd fu'n ymdrin a'u diwedd
Llithrodd dau yn unig
Trwy dy ddwylo cryf,
Ac i grafangau'r dim dideimlad, â'u llygaid
Yn ymddiheurio.

Dau'n ormod
I ti,
Sy'n geidwad bywydau bregus.

Ti,
Sy'n newid cwrs a gwedd;
Y mae cannoedd i ti
Yn ddyledus;
Y rhai a fu
Yn unig yno, unwaith
Ar y bont,
Ac a fydd, byth mwy,
Yn ddiolchgar.

Cerdd o waith Caryl Morris Jones, o'r un plwyf â Hedd Wyn, sef
Trawsfynydd. Ei ffugenw oedd **Kevin Briggs**. Mae'n ddisgybl
yn Ysgol y Moelwyn, Blaenau Ffestiniog.

Cydnabod y Trefniadau

Gŵyl y Gadair Ddu – llongyfarchiadau

Annwyl Ben

Braf iawn oedd eich gweld unwaith eto ddydd Sadwrn. Llongyfarchiadau i chi a'ch cyfeillion yng Nghymdeithas Etifeddiaeth Cymry Glannau Mersi ar drefnu Gŵyl mor llwyddiannus. Mae Cymdeithas y Cymmrodorion yn ddiolchgar iawn i chi am roi i ni'r cyfle i gyfrannu at ddigwyddiad mor bwysig ym mywyd diwylliannol Cymru. Fel yr wyf yn siŵr y byddwch yn cytuno, roedd yn fraint i glywed darlith ardderchog a sylweddol Peredur, ac yr oedd yn amlwg o'u hymateb ar y diwedd fod aelodau'r gynulleidfa wedi ei mwynhau ac wedi ymddiddori'n fawr iawn.

Mae'n ddrwg gen i nad oeddwn wedi medru aros ar gyfer y cinio a gweddill yr Ŵyl ond yr oedd rhaid i mi adael er mwyn sicrhau fy mod yn cyrraedd Caerdydd mewn da bryd i mi fynychu achlysur arall gyda'r nos.

Gyda chofion gorau a phob dymuniad da,
Lynn

Dr Lynn Williams FLSW
Ysgrifennydd Mygedol/ Honorary Secretary
Anrhydeddus Gymdeithas y Cymmrodorion/
The Honourable Society of Cymmrodorion

Llongyfarchion!

11 Medi 2017

Annwyl Ben,

Dim ond gair byr o werthfawrogiad am y gwahoddiad i'r achlysur arbennig dros y penwythnos. Rwy'n flin na fedrwn aros tan y diwedd ond gwyddost fod yn rhaid i mi ddychwelyd i Lundain

Mwynheais y dydd yn fawr. Roedd darlith Peredur yn agoriad llygad a chefais fwynhad mawr ar Huw yn dadfeilio'r haneswyr! Yn y pen draw, er gwaethaf yr oediad, roedd y seremoni dadorchuddio yn weddus a chofiadwy.

Yn bennaf diolch i ti am arwain yr holl baratoadau ac am lwyddiant ysgubol – cynulleidfa fawr wedi mwynhau i'r eithaf.

Diolch hefyd – a llongyfarchion wir – ar y campwaith ar Cledwyn ac am roi copi i mi. Ar y trên yn ôl, roedd yna haid o gefnogwyr Spurs yn ymfalchïo yn uchel yn eu buddugoliaeth. Ond roedd darllen penodau cynnar dy lyfr wedi goresgyn y sain a'r terfysg! Ffordd dda i gael y gorau ar y Llundeinwyr!

Ar y ffordd i Kingston y bore 'ma ar gyfer cyfarfod, ond â chof cynnes am Benbedw! Fy nhro cyntaf yna – nid yr olaf ...

Cofion gorau,
Deian

Syr Deian Hopkin
Cynrychiolydd Prif Weinidog Cymru, Carwyn Jones, AC

Thanks

Dear Ben   11. 9. 2017

Just a special word of thanks for all your support in the planning
and delivery of the Festival. I am sure everyone will feel that
it was a highly successful event. And I thoroughly enjoyed the
Singing Festival yesterday afternoon. The quality and passion of
the singing reminded me of a sad day many years ago when I
attended the burial of one of my father's cousins (Sophie Williams,
originally from Bethesda). The rain poured down ceaselessly,
but the family, friends and neighbours around the graveside kept
singing their hearts out in such a moving and inspirational way.
There clearly is something special about the Welsh!

Many thanks and best wishes,
Robert

Professor Robert Lee,
Chairman of the Black Chair/ Y Gadair Ddu Committee
Cymdeithas Cymru Birkenhead

Cofnodion Cyfarfod Pwyllgor Unigryw

yng Nghapel Seion, Laird Street, Birkenhead,
3 Hydref 2016 am 8.30 o'r gloch

Cadeirydd: Mrs Mair Rees Jones

Yn Bresennol: Y Parchedig Ddoctor D. Ben Rees, Lerpwl
(Trefnydd), Mrs Mair Rees Jones (Llywydd Anrhydeddus am
Oes), Y Parchedig Glenys Wilkinson (Cyn-lywydd), Mrs Iola
Edwards (Ysgrifennydd), Mr Arwel Evans, Mrs Llwynwen
Fitzpatrick, Mr Gwyn Jones, Mr Trefor Roberts

Ymddiheuriadau: Mrs Phyllis O'Neill (Trysorydd), Mrs Anne
Montgomery, Mr Terry O'Neill

Pwrpas y Cyfarfod: I dderbyn gwybodaeth gan y Parchedig
Ddoctor D. Ben Rees am drefniadau tuag at ddathlu
canmlwyddiant 'Eisteddfod y Gadair Ddu' ym Mhenbedw yn
2017.

1. Gŵyl Cadair Ddu Penbedw:
Disgrifiodd Dr Ben Rees y penderfyniadau a wnaed gan ddau
Bwyllgor a'r syniadau sydd mewn bodolaeth hyd yn hyn tuag
at yr amgylchiad pwysig a'r digwyddiad sydd i ddigwydd ym

Mharc Penbedw (neu yn y cyffiniau) a hefyd capel y Presbyteriaid Cymraeg Seion, Laird Street ar y ddau ddiwrnod, 9 a 10 Medi 2017. Gweler y ddalen gan Gymdeithas Etifeddiaeth Cymry Glannau Mersi) a'r 'Golygyddol' o'r *Angor* CYF 38, RHIF 5, Hydref 2016.

2. Gwybodaeth ychwanegol:

Teimlai trefnwyr Pwyllgor y Gadair Ddu na ddylent godi arian mynediad ar y diwrnod er mwyn denu pobl i ddod.

Bydd angen stiwardiaid ar y ddau ddiwrnod. Gobeithio cael cynrychiolaeth o'n Cymdeithas ni.

Mi fydd angen i'r tair Cymdeithas fod yn y bartneriaeth sy'n trefnu'r digwyddiad a fydd yn dod â gorchest a gwae bywyd y bardd Hedd Wyn yn fyw i'n cof. Mae'r trefnwyr yn awyddus i gael awgrymiadau am weithgareddau eraill a all gael eu defnyddio fel rhan o'r ŵyl.

3. Awrgymiadau gan y Pwyllgor:

- Cael Côr Plant o Ynys Môn.
- Taith gerdded, efallai i gynnwys perimedr y Parc.
- Benthyg y 'Gadair Ddu' wreiddiol neu fodel ohoni i fod ar gael yn y Parc.

4. Cyfrifoldebau:

- Iola Edwards, yr Ysgrifennydd, i yrru copi o'r Cofnodion hyn i Dr Rees.
- Mair Rees Jones i gysylltu â'r Fonesig M. Evans, o deulu David Evans a roddodd y Gadair Ddu yn mis Medi 1917 a rhoi gwybodaeth iddi hi o'r hyn y bwredir ei gynnal.
- Trefor Roberts i gael rhif ffôn Mari Pritchard er mwyn ymchwilio i gael Côr Plant i ddod. Yr Ysgrifennydd i yrru hwn i Dr Rees.

- Yr Ysgrifennydd i yrru unrhyw wybodaeth ychwanegol, fel mae'n codi, i Dr Rees, y Trefnydd.
- Yr Ysgrifennydd i gysylltu â Roy Dennett, o Gymdeithas Hanes Birkenhead i adael iddo gael gwybodaeth am yr hyn a drefnir a rhoi rhif ffôn ac e-bost Dr Rees iddo.

4. Terfynu:

Terfynwyd y Cyfarfod am 9.15 y.h.

Arwyddwyd: D. Ben Rees
Dyddiad: 9 Hydref 2016

The Hedd Wyn /
Black Chair Celebration

A S THE ORGANISER of the Festival I would like to acknowledge my debt to numerous friends for their valued support, which was evident in all the day's events. It was no small achievement to enlist the services of a number of distinguished speakers, including Professor Peredur Lynch, Bangor, on Hedd Wyn, Dr Huw Edwards, London, on David Lloyd George, Professor Robert Lee (chair of the Black Chair Centenary Committee) on the background to the creator of the original Black Chair, Geraint Llifon, the Archdruid of the Gorsedd of the Bards, who presided over the chairing and crowning ceremonies, and for the adjudications of Dr Robin Gwyndaf and Dr Siôn Aled Owen (who also provided translation facilities), Aled Lewis Evans, Dr Pat Williams, Mrs Nan Hughes Parry, Professor Deryn Rees-Jones and Eleanor Rees. That represented a fair portion of the Festival but not all. The Anglesey Youth Choir and the North Wales Rugby Choir and soloists performed in the evening concert, while the Sunday morning thanksgiving service remembered Hedd Wyn and all who fell in the Great War, followed in the afternoon by a memorable Singing Festival under the accomplished baton of Alwyn Humphreys, Cardiff, supported by the Rhosllannerchrugog Male Voice Choir. The members of all the choirs, participants and invited guests were presented with commemorative medallions skilfully designed by Siân Bailey and generously sponsored by three local Lions Clubs (Birkenhead, West Kirby and Flint & District).

Care was taken to provide every session with a chairperson; Dr Arthur Thomas, Liverpool (Secretary to the Festival), Emeritus

Professor Prys Morgan, Gower, (for the session sponsored by the Honourable Society of the Cymmrodorion), Dafydd Ll. Rees, London, for the lecture by Dr Huw Edwards, Roderick Owen for the chairing ceremony, Brian Thomas for the crowning, Dr John G. Williams for the concert by the Anglesey Youth Choir under the direction of Mari Pritchard and Hywel Roberts, Caernarfon, for the North Wales Rugby Choir under the direction of Geraint Roberts. The ceremonies were greatly enhanced by the contribution of the quartet from Bethel Chapel (Anne M. Jones, Rhiannon Liddell, Margaret Anwyl Williams and R. Ifor Griffith) who sang in praise of the winning poet, Norma Owen and Iola Edwards, representing the Welsh Societies in Liverpool and Birkenhead, who escorted the winning bard to the stage, the Rev. Robert Parry, Wrexham, the accompanist, and Norman Closs Parry who greeted the winner in verse. All are good friends and always prepared to contribute.

Nine entries were received for the Chair, all of a high standard, on the theme of Hedd Wyn. The winner was Martin Huws from Ffynnon Taf, near Cardiff. With family roots in Llanelli he was brought up in Cardiff and enjoyed a varied career specialising in the media. He won a remarkable chair, the gift of the Hedd Wyn Society of Flanders. Eight representatives came to the Festival and Urwin spoke on their behalf. The chair was made in Flanders and we often pondered as to how it would reach Birkenhead. But it arrived safely with the Flanders party on Saturday morning, a chair worth ten thousand Euros (around ten thousand pounds). Congratulations also to the second and third entries in the competition, namely, Arwel Emlyn Jones from Ruthun and Hedd Bleddyn from Penegoes, near Machynlleth. All three entries were worthy of the impressive chair.

For the crowning ceremony four entries were worthy of the appreciation of the audience. The two attractive crowns came from the hands of the artist John Price, Machynlleth, who also made the crown for the Anglesey National Eisteddfod 2017. The winner, Nest Jenkins from Lledrod, Ceredigion, is a talented young poet who is now embarking on a degree course studying Welsh and Law at Cardiff University. This was not her first success. She has already won ten chairs but this was her first crown. She is also an accomplished harpist having won the Blue Riband for Instruments in the National Eisteddfod. A precocious talent, another ten years may well see her wearing the crown on the national stage. The second, eleven year old Macsen Parri, Bala, manages to blend poetry and agriculture into his life. The third prize was shared between two talented teenagers, Lois Medi Wiliam, Coed y Maes, Bangor and Caryl Morris Jones, Trawsfynydd. Lois Medi Wiliam was unable to attend but Caryl came with her mother and sister, the family that represented Trawsfynydd with distinction at the Festival. The winners are a credit to the younger generation of Welsh poets and this is also true for the winners of the English crown. One of the pupils of the Wirral Hospital School, Brodie Powell, won the crown, a young girl, Lily Wallace, came second, whilst another pupil of the School, Jake Young, came third. It was apparent that the ceremony and the importance attached to it was not entirely familiar to many of our English friends. An enormous debt is owed to Sarah Marian (Deputy Head) and Phil Arrowsmith (the newly appointed Head), for their invaluable contribution throughout.

It was pleasing to welcome Dr Christine James, the Gorsedd Recorder, and Dyfrig ab Ifor, the Gorsedd Herald Bard to the festival. The stewards were active throughout, the committee were welcoming, and sufficient food was available for all. We were favoured with the presence of Steve Rotheram, Metro Mayor, The Mayor of Wirral, Frank Field M.P., Lieutenant

General Jonathon Riley (R.W.F) from Llanllwni, Sir Deian Hopkin, representing the First Minister, who spoke with feeling, John Meeus, Honorary Belgian Consul on behalf of the Belgian Ambassador, and the Rev. Glenys Wilkinson, Heswall, who unveiled the memorial. Among the presenters of the 1917 Birkenhead Eisteddfod was her great-great uncle, Lewis Jones (Ynyswr), Hilbre, hence her role in the ceremony. In her remarks she noted the fiftieth anniversary of the Eisteddfod, which had been marked in 1967. But this year's celebration was more lavish, more ambitious and with wider participation welcoming people from north and south Wales (Elfyn Thomas Tours), Welsh speakers' clubs from Preston, London, Caerphilly, Cardiff and friends from Flanders.

The Festival cost more than that of 1967 and I am most grateful to all who responded so generously to the appeal, which raised over ten thousand pounds. Those unable to attend will receive a copy of the Festival programme. With 92 pages it contains essays in English by Dr Pat Williams, Professor Robert Lee, Dr Arthur Thomas, Dr D. Ben Rees, and in Welsh by the late Walter Rees Jones. His widow was always ready to assist, as were the other three elders of Seion Chapel, namely, Marged S. Jones, the late Iris Hughes Jones, Morfudd Williams and the caretaker, Gwyn Jones. The Programme also contained the full text for the morning service and the afternoon Singing Festival, as well as a brief biography of all who took part. It was a formidable task but the reaction has been heartening; one reader observed, 'Every page is valuable'. The programme (£10) served as a ticket to the day's activities, with £10.00 for entry to the evening concerts. There was no charge for the unveiling and all were able to hear Côr Bara Brith singing the poignant poem 'In Memoriam' by R. Williams Parry.

It was very gratifying to witness the full attendance in the

School Hall and on Sunday in Capel Seion, Laird Street. We were grateful for the thoughtful address delivered by Dr Goronwy Wynne, to Aled Lewis Evans for his homily on 'God the Bard', to hear the contribution of a local minister, Dr E. Gwynne Parry, Heswall, as well as the participation of Welsh learners, the Rev. Victor Edwards, the Rev. Steve Pierce, Formby and the Rev. Greg Cuff, Waterloo. Owing to the indisposition of Terry O'Neill, the organist for both the morning service and the Singing Festival was Goronwy Lloyd Humphreys. Rachel Phillips accompanied the Rhos Orpheus Choir.

What was the response? It was remarkable that so many were drawn to attend and it is not possible to think of Hedd Wyn without associating his name with the Black Chair Eisteddfod of 1917 in Birkenhead. It is well worth noting that he spent a few weeks in Litherland and Bootle. The Hedd Wyn Flanders Society ensure that all are welcome who come to visit his resting place in Artillery Wood and they too rightly have a share in his heroic story.

He also belongs to Birkenhead Park and Seion Chapel, Laird Street. The Centenary Committee were vindicated in their decision to restrict the centenary activities to Birkenhead on Saturday and Sunday. Seldom has Laird Street chapel been full – in 1981 for a memorial service to the late Rev. Idwal Jones, for the funeral of Lord Gruffydd Evans (grandson of David Evans, the builder who donated the Black Chair, which cost a hundred guineas in 1917), the centenary of the building in 2005 and now for the 2017 Hedd Wyn Festival.

The numerous festivals listed in the programme from 2001 onwards (diligently chronicled by Mrs Beryl Williams who was unable to be present due to ill health) have all been surprisingly successful. Next year, 2018, looms with the prospect of another more ambitious festival in 2019. The future beckons. The important task for the present is to keep the Welsh community together and we have plenty to celebrate. I would like to chronicle the story of the Liverpool Welsh in the near future, a past entrusted to us to treasure and celebrate.

So, we give thanks for a memorable weekend, which inspired all who attended, and for everyone's safe return home.

D. Ben Rees

Adjudication of the Young English Poets

I WAS DELIGHTED to judge this young people's poetry competition, run to commemorate the poet and soldier Hedd Wyn and the centenary of the 1917 Eisteddfod of the Black Chair. I looked at forty submissions in total and the ages of the poets ranged from between ten and fifteen years, and every poem that I saw is to be commended. There was a general willingness from all the entrants to imagine and identify with Hedd Wyn's work, and to bring something of their own experiences and lives to an understanding of his work. And I would like to take this opportunity to thank the teachers and writers who worked so hard with the children to bring all these poems into the world.

Initially I was very curious to see how the story of a life from a century ago would be made relevant, and could touch and inspire these young people of Liverpool. Poetry is an art that demands we draw on imagination and empathy as well as our intellect. What the children all seemed to understand instinctively is that the story of Hedd Wyn is a story not just of the brutality and disappointments of war, but a story also of optimism in the face of tragedy. And the winning poems all have a shared clarity, vision and poetic authority; their authors also importantly understand that being concise, and paying attention to detail is an essential component to poetry. They understand that complex feelings can be written about in simple ways. Crucially, too, all the winning poems understand that poems have a particular way of saying things and that the formal elements of poetry, rhythm, rhyme, image, voice can be brought together in complex ways to say things that we can't quite say in ordinary speech. As the poet

Anne Stevenson writes in her poem 'Making Poetry': 'You have to inhabit poetry/ if you want to make it.'/ to wear/ words, sitting in the plainest light'

Our third prize winner, Jake Young, takes us initially to the battlefield in his poem 'The Hero' where we find 'A sound like a thousand/ balloons popping/ A muffled yell through a mask/ Dirt flying up into the air/ Trudging body after body.' 'This soldier went through it all' he continues, bringing a resigned tone to the poem. Two thirds of the way through, however, the poem shifts in its mood, and we are invited to move away from the battlefield to sit alongside the soldier on an ordinary domestic porch. Here the soldier surveys the world 'looking at/ the country he helped save.' What are we to think of the country that remains? The word save becomes potentially ironic, and we must ourselves look, and draw our own conclusions. The poem makes us do our own work, draw our own conclusions.

The second prize winner, Lily Wallace, presented us with a short but energized poem 'The Huge Hills'. The poem does its work through indirection. It does not write of war or absence or loss or death but instead conjures an unpeopled elemental landscape. It is a landscape that threatens to overpower us, and a landscape in which the elements are in a state of movement and great energy. The poem is only four lines long but manages to compress strong emotion into that compact space. I like the fact that its rhyme and repetition takes its inspiration from the formal requirements of an englyn, but makes the form its own. The poppies are offered to us as something red and bright and alive, at the same time as they stand symbolically for the lives of the men who have died, and the blood that has been shed. In the sudden shift in the last line there is a tension between the poppies' symbolic value but also the line returns us to a delight in the ongoing beauty of the natural world.

Finally, I come to the 1st prize poem 'A Black Cloth' by Brodie Powell. There is a simplicity to this poem but one that, like the other two winning poems, understands the value of rhythm and repetition, and how both techniques can be harnessed to powerful rhetorical effects. The poem seems to know the incomprehensibility of death, how we must say things over and over to ourselves in order to know them, to let them sink in. The two parts of the poem sit in juxtaposition with each other. In the first half we are told that the cloth is placed for the man who did not come. In the second half we are told the cloth is placed for a poet, and then the poem goes on to name that poet. There is a poignancy to this as well as a strength as whatever abstract notions we have of a hero in the first part of the poem become embodied in a real man and the desire to memorialise his death. Congratulations to all three winners, and my thanks to them for their fine entries.

Professor Deryn Rees-Jones

The Three
Best Poems in English

A Black Cloth
A black cloth
Placed upon a chair
For the man who did not come
To find that he had died
A hero for his country
Only six weeks previous.

A black cloth
Placed upon a chair
For the man who was a poet
And had won
The chair
On which the black cloth
Was placed
For when he did not come.
Private Ellis Humphrey Evans
Was his name.
He died for his country.

Brodie Powell

The Huge Hills
The huge hills
Where the rivers flow
And the winds blow.
But also where poppies grow.

Lily Wallaee

The Hero

Gunshot after gunshot
A sound like a thousand balloons
popping.
A muffled yell through a mask.
Dirt flying up in the air.
Trudging over body after body
This soldier went through it all
But that was then, and now, he
   Sits.
He sits on his porch, looking at
The country he helped save.

Jake Young

The Black Chair of Birkenhead, 1917

THE ROYAL WELSH National Eisteddfod of 1917, held in Birkenhead Park between the 5th and 7th of September, has gone down in Welsh folklore and history as 'the Eisteddfod of the Black Chair'. Private Ellis Humphrey Evans of the Royal Welch Fusiliers was killed in action on 31st July at Pilckem Ridge on the first day of the Third Battle of Ypres (otherwise known as the Battle of Passchendaele), when over 31,000 Allied soldiers perished in what Field Marshal Douglas Haig characterised as 'a good day's work' when even the wounded 'were cheery indeed'.[1] He was 30 years old. It signalled the start of three months of bloody and brutal fighting in atrocious conditions. Total casualty figures remain disputed, but over a quarter of a million men on the Allied and German sides are estimated to have been killed or seriously wounded. The empty bardic chair, covered with a black pall, remains a powerful memorial to the generation of young Welshmen who lost their lives during the Battle of Passchendaele, 'a messy, bloody and almost important campaign', as well as throughout the First World War.[2] It is a symbol of loss, of untimely death, of the futility and barbarity of war in general, and of its inevitable consequences for families, friends, and nations.[3]

---

[1] Gary Sheffield and John Bourne (eds.), *Douglas Haig War Diaries and Letters 1914–1918* (London, 2005), p.307.

[2] Alan Llwyd, *Stori Hedd Wyn, Bardd y Gadair Ddu* (Llandybïe, 2009), p.99.

[3] Phil Carradice, 'The Black Chair and the death of Hedd Wyn', BBC Wales, Wales History blog, 3rd August 2010.

Of course, it was not the first time that a National Eisteddfod had seen a black chair. At Wrexham in 1876 the prize for the best awdl had been awarded to Taliesin o Eifon (Thomas Jones, 1820–1876, an inn-sign painter from Llangollen) who had died before the ceremony took place.[4] As was befitting, the chair was ceremonially draped in black to the accompaniment of Handel's Dead March, while the audience stood in silence, a 'memorable and harrowing event'. But unlike Private Evans, Thomas Jones had died of natural causes. Indeed, the meeting of the Eisteddfod on Thursday 6th September 1917 had already been affected by 'pure sadness', because of recent losses in Flanders of 'one ill-fated Battalion of Welch Fusiliers'. Twenty-five men from the 17th Battalion had performed at the Bangor Eisteddfod in 1915 and had been placed second in the male voice choir competition. But by September 1917 there was only one survivor, the conductor, former Lance-corporal Samuel Evans of Rhosllannerchrugog, who had been badly maimed. All the other members of the 'lost choir', largely drawn from young men from the Blaenau Ffestiniog, Llandudno and Wrexham areas, who were described as 'gallant fellows, musical sons of Wales' had 'rendered the supreme sacrifice' for their country.[5]

There can be little doubt that the 'Black Chair' of Birkenhead remains the most symbolic and famous of all Eisteddfod bardic chairs, although its skilful design and ornate carving is more easily recognised in the 3D replica chair which was created 'to shine new light upon one of the most poignant stories of the First World War'. The chair includes a number of Celtic, Christian and Greek symbols and was a reflection of the Celtic Revival which had been evident well before 1914. Although it is recognised

---

[4] Dillwyn Miles, *The Royal National Eisteddfod of Wales* (Swansea, 1977), p.66.

[5] *Amman Valley Chronicle and East Carmarthenshire News*, 13th September 1917 (cited by The Lost Choir of the 1915 Eisteddfod', 27th September 2016).

as 'a masterpiece' as far as its craftsmanship is concerned, little, if anything, is known about the man who created the original chair, apart from his name, Eugene Vanfleteren, and the fact that he was a refugee from Belgium who had been born in Malines/ Mechelen on the 29th September 1880 at 20.30.[6] Indeed, there is a degree of uncertainty about his occupational background and he is frequently referred to simply as a 'carpenter', although he was clearly a highly skilled craftsman.[7]

In fact, the Black Chair of Birkenhead has a wider significance. In sharp contrast to the situation today when families and children fleeing from war and destruction, particularly in the Middle East, are seldom allowed to seek refuge in Britain, in the autumn of 1914 there was no hesitation in admitting over 250,000 Belgians whose country had been overrun by the advancing German armies. On 2nd October 1914, a group of Belgian refugees consisting of 37 adults and 15 children arrived at Woodside Station from London at 4.27 p.m. They were accompanied by Councillor D. J. Clarke who had been to London to collect them and Father de Vos from Whitchurch, Salop. Their spokesman was 64-year old Jan Margej who had been an engineer on the Belgian State Railways for many years. They were all from Malines (Mechelen). Among them were Maria Paulina Vanfleteren and her husband, Eugeen, who subsequently created the Bardic Chair for the 1917 Eisteddfod with the help of other skilled craftsmen from Mechelen. The Black Chair of Birkenhead therefore symbolizes the way in which the First World War disrupted many communities in continental Europe and created immense hardship for millions of

---

[6]   Snowdonia National Park, Yr Ysgwrn, Home of Hedd Wyn (2016).

[7]   Philip Edwards, 'A Century on from Eisteddfod y Gadair Ddu', IWS, click on Wales, 8 September 2013; Drumlord Limited Prototyping Technology, 'The Black Chair/ 'Y Gadair Ddu', 2nd December 2014.